iyi ki **kitap**lar var...

AF791093

TİMAŞ YAYINLARI

İstanbul 2017

timas.com.tr

Adım Adım Çocuklarda Cinsel Eğitim
Adem Güneş

TİMAŞ YAYINLARI | 4024
Aile Eğitimi Dizisi | 41

YAYIN YÖNETMENİ
İhsan Sönmez

EDİTÖR
Seval Akbıyık

KAPAK TASARIMI
Ravza Kızıltuğ

İÇ TASARIM
Tamer Turp

1. BASKI
Nisan 2016, İstanbul

2. BASKI
Mart 2017, İstanbul

ISBN
ISBN: 978-605-08-2254-0

9 786050 822540

TİMAŞ YAYINLARI
Cağaloğlu, Alemdar Mahallesi,
Alayköşkü Caddesi, No: 5, Fatih/İstanbul
Telefon: (0212) 511 24 24
P.K. 50 Sirkeci / İstanbul

timas.com.tr
timas@timas.com.tr
facebook.com/timasyayingrubu
twitter.com/timasyayingrubu

Kültür Bakanlığı Yayıncılık
Sertifika No: 12364

BASKI VE CİLT
Sistem Matbaacılık
Yılanlı Ayazma Sok. No: 8
Davutpaşa-Topkapı/İstanbul
Telefon: (0212) 482 11 01
Matbaa Sertifika No:16086

ADIM ADIM

Çocuklarda Cinsel Eğitim

Uzman Pedagog Dr. Adem Güneş

Yayına Hazırlayan: Gonca Anıl

TİMAŞ

İÇİNDEKİLER

BAŞLARKEN

Yıllar önce *Mahremiyet Eğitimi* isimli bir eser kaleme almıştım. Kitapta çocuğun mahremiyet hissinin nasıl oluştuğunu, kendi bedenini nasıl koruyacağını anlatmış ve "mahremiyet eğitimi"nin "cinsel eğitim"den farklı olduğunu belirtmiştim.

Ancak yıllar içinde gördüm ki anne babaların cinsel eğitime dair bir kitaba çok ihtiyacı vardı ve cinsel eğitim mahremiyet eğitimine uygun verilmediğinde onarılması zor yaralar açıyordu...

O halde ne yapmalıydı? Mahremiyet eğitimine uygun bir cinsel eğitim nasıl olmalıydı?

İşte bu kitap, tam da bu ihtiyacı karşılamak üzere hazırlandı...

Bir ebeveynin ihtiyaç duyabileceği her soruyu sorduk ve mahremiyet eğitimi sınırları içinde cevaplar verdik...

Her bir kelimeyi özenle ve seçtik... Ne okunurken yüz kızarsın ne de uygulanırken utanılsın istedik...

Ortaya bu eser çıktı...

Biz çok beğendik... "Keşke bizim zamanımızda da böyle kitaplar olsaydı" dedik...

Umarım sizler de beğenirsiniz...

Adem Güneş
İstanbul 2016

"CİNSEL EĞİTİM" İLE "MAHREMİYET EĞİTİMİ" ARASINDA FARK VAR MI?

Evet...

Mahremiyet eğitimi "duyguların yönetimi" eğitimidir. Çocuğun erken yaştan itibaren tanışacağı her türlü duyguyu yönetebilmesi için ona yardımcı olmaktır.

İnsanın yöneteceği ilk duygu, "ayrılma kaygısı"dır. Çocuk dünyaya geldiği ilk günden itibaren ayrılmaya karşı kaygılıdır... Ayrılma kaygısı, küçük yaşta yönetilmesi zor bir duygudur. Anneden ayrılma, sahip olduğu eşyadan ayrılma, içinde bulunduğu güven ortamından ayrılma çocuğa kaygı verir.

Çocuk bu kaygıyı tek başına yönetemez...

Ebeveynin görevi, çocuğa bu ve benzeri duyguları yönetebilmesi için yardımcı olmaktır.

Örneğin, ayrılmaya karşı kaygıyı yönetebilmek için çocuğun, güvene ihtiyacı vardır... Çocuğun ayrılma kaygısı yaşadığı sırada, ebeveynin güven verici tavırlar sergilemesi, mahremiyet eğitiminin ilk adımıdır.

Cinsel eğitim, cinsel duyarlılığın nasıl yönetileceği hususunda yetişkinle çocuk arasında gerçekleşen birebir eğitimdir

Çocuğun tanışacağı son duygu, "cinsellik"tir. Çocuğun, yetişkinliğe doğru adım atarken hissedeceği bu duyguyu nasıl yöneteceğine dair hiçbir tecrübesi yoktur... Yine burada ebeveynin görevi, çocuğun cinsel duygularını nasıl yöneteceğine yardımcı olmaktır... Bu yardım kimi zaman bilgilendirme, kimi zaman ise duyguların nasıl yönetileceği tecrübesini aktarma şeklinde olabilir...

> Çocuk, cinsel duygularını nasıl yöneteceğini, mahremiyet eğitimi esaslarına göre aldığı cinsel eğitimle öğrenir

İşte, çocuğun ilk tadacağı duygu olan ayrılma kaygısından cinselliğe kadar aradaki bütün duyguların nasıl yönetileceğine dair eğitim süreci, "mahremiyet eğitimi"; mahremiyet eğitiminin içindeki cinselliğe dair duyguların yönetilmesi ve bilgilendirilmesi ise "cinsel eğitim"dir.

Cinsel eğitim, usulüne uygun bir şekilde yapıldığı zaman bir "farkındalık eğitimi"dir.

Cinsel eğitim, çocuğu ihtiyaç duyduğu cinsel bilgilere doğru bir şekilde ulaştırmayı amaçlarken; mahremiyet eğitimi, çocuğun duygularını içerir...

Mahremiyet eğitimi, çocuğun kendini korunaklı kılmasına ve kişiliğinin oluşmasına katkı sağlar. Cinsel eğitim ise, çocuğun sağlıklı bir cinsel gelişim dönemi geçirmesi için gerekli olan bilgilerin edinilmesini içerir.

Cinsel eğitim mahremiyet eğitiminden ayrı düşünülebilir mi?

Hayır...

Cinsel eğitim, mahremiyet eğitiminin bir parçası olarak düşünülmez ise çocuğun duygu dünyasına zarar verme ihtimali vardır.

Cinsel eğitim topluca verilirse çocuktaki utanma duygusunu zedeler

Örneğin, çocukları bir sınıf ortamına alıp cinsel konular hakkında "topluca" bilgilendirmek bazı çocuklara iyi gelse de, bazılarını tedirgin edebilir... Kimi çocukların hiç gündeminde olmayan duygularla tanışmasına yol açabilir... Bundandır ki, klasik anlamda topluca bilgilendirmek, mahremiyet eğitimine uygun olmayan bir cinsel eğitim biçimidir...

Cinsel eğitim çocuk ve ebeveyn arasında birebir verilmeli ve mahremiyet konularının ve her çocuğa ait özgün duyguların nasıl yönetileceğine dair bilgiler içermelidir...

ÇOCUK, ANNE BABASIYLA BİRLİKTE BANYO YAPABİLİR Mİ?

Hayır...

Hiçbir yaş döneminde çocuk anne babasıyla aynı anda çırılçıplak banyo yapmamalıdır.

4 yaşına kadar, çocuk çıplak olarak anne babası tarafından banyo yaptırılabilir. Ancak hiçbir zaman anne baba da tamamen çıplak olarak çocuğun yanında banyo yapmamalıdır.

Tercihen banyoyu sürekli aynı kişi yaptırmalıdır.

Mecbur kalınan durumlarda ikinci bir kişi de çocuğa banyo yaptırma sorumluluğunu arada bir üstlenebilir.

4 yaşından sonra, çocuğa cinsel bölgelerin korunaklılığının öğretilmesi için, tercihen şort ile banyo yaptırılması uygundur.

4 yaşından itibaren, çocuğa kendi banyosunu kendisinin yapabilmesi için fırsatlar tanınmalıdır. Ebeveyn çocuğun yanında bir gözlemci olarak kalıp, "ihtiyaç duyduğunda" yardımcı olmalıdır.

Çocuk 7 yaşına geldikten sonra, kendi banyosunu tamamen kendisinin yapabilir düzeyde olması, onun kişilik gelişimine de cinsel kimlik gelişimine de katkı sağlar.

Cinsel kimlik gelişimi için 7 yaşından sonra çocuk, kendi banyosunu kendi yapar hale gelmiş olmalıdır

ÇOCUK KARDEŞİYLE BANYO YAPABİLİR Mİ?

Aynı cinsten olmak kaydıyla kardeşler 4 yaşına kadar birlikte banyo yapabilirler.

4 yaşından sonra çocukların kardeşleriyle ayrı zamanlarda banyo yapmaları gerekir. Ayrı banyo yapmak çocuğun birey olmasına da katkı sağlar...

Ayrı cinsiyetteki ikizler, 2 yaşına kadar birlikte banyo yapabilirler. 2 yaşından sonra ayrılmaları gerekir. İkizler aynı cinsiyette olsalar dahi 4 yaşından sonra ayrı zamanlarda banyo yapmalıdırlar.

Aynı veya farklı cinsiyete sahip kardeşler, 7 yaşına kadar üzerlerinde şort olmak kaydıyla birlikte küvette oyun oynayabilirler.

7 yaşından sonra çocukların banyoları ayrı zamana denk getirilmeli, onların da bir birey olduğuna saygı duyularak davranılmalıdır.

Ebeveynler çoğu zaman, "çocuklarının kendilerine ait olduğunu" düşünerek kaç yaşında olurlarsa olsunlar, her türlü sınır ihlali yapmaya hakları olduğunu zannederler. Her yaş döneminde çocuklarının banyosuna eşlik edebileceklerini, istedikleri gibi genital bölgelerine erişebilecekleri, izin almadan soyup giydirebilecekleri yanılgısına düşerler...

4 yaşından sonra çocukların kardeşleriyle ayrı zamanlarda banyo yapmaları gerekir

ÇOCUĞUN GENİTAL BÖLGE TEMİZLİĞİ KAÇ YAŞINA KADAR ANNE BABA TARAFINDAN YAPILMALI?

Çocuklar 3 yaşına kadar, henüz kendi kişisel temizliklerini yapabilecek düzeyde değildirler.

Bu nedenle 3 yaşa kadar genital bölge temizliğini ebeveynlerden "biri"nin üstlenmesi gerekir Bu kişi, anne olursa doğum sonrasından itibaren başlayan alt temizliğinin el değiştirmeden devam etmesi daha kolay olur.

Alt temizliğinin aynı zamanda çocukla anne arasında "güvenli bağlanmayı" kolaylaştıran bir unsur olduğu da unutulmamalıdır.

Annenin herhangi bir sebepten dolayı bunu üstlenememesi durumunda, bir başka kişinin bu görevi üstlenmesinde sakınca yoktur. Ancak dikkat edilecek husus şudur; çocuk her seferinde yeni bir kişiyle karşılaşmamalıdır. Bir gün o, bir gün bu, şeklinde devam eden genital bölge temizlikleri çocuğun mahremiyet eğitimine ve cinsel gelişimine uygun değildir.

4 yaşından sonra, tuvalet temizliğini kendi yapması için çocuğa fırsat tanınmalıdır

4 yaş sonrasında çocuk, kendi temizliğini belli ölçüde kendisi yapabilecek düzeydedir. Çocuğa temizliğin nasıl yapılacağı "adım adım" öğretilerek, bedeni kendisine teslim edilmelidir...

> 6 yaşından itibaren genital bölge temizliği tamamen çocuğun kendisine teslim edilmelidir

Çocuk her ne kadar kendi temizliğini kendisi yapmaya gayret etse de, bu yaş onun gerçek bir hijyen sağlayabileceği yaş değildir. Bundandır ki, çocuk temizliğini kendisi yaptıktan sonra, ebeveyn son temizliği üstlenmelidir.

Sağlıklı bir cinsel eğitim sürecinin sonunda, çocuğun 6 yaşından itibaren genital bölgesinin temizliğini tamamen kendisi yapabilecek düzeye erişmiş olması beklenir. Bu yaştan itibaren genital bölge temizliği tamamen çocuğun kendisine teslim edilmelidir. 6 yaşından sonra da ebeveynin temizliğe devam etmesi kişilik gelişimini aksatır.

Genital bölge temizliğinde doğal ürünler seçilmeli, kimyasal katkı maddeli ürünler, ıslak mendiller tercih edilmemelidir. Suyun ve tuvalet kâğıdının kullanımı 4 yaş öncesinde bizzat anne tarafından gerçekleştirilirken sözel anlatımla pekiştirilmeli, 4 yaşından sonra ise bez bebek üzerinde tarif edilerek çocuğa kendi temizliğini kendisinin yapması için fırsat tanınmalıdır. Tuvalet kâğıdının uzunluğu, katlanması, kız çocuklarının önden arkaya, erkek çocuklarının arkadan öne temizlik yapması gibi prensiplerin öğretilmesi hem hijyen açısından hem de pedagojik olarak önemlidir.

6 yaşından sonra da ebeveynin temizliğe devam etmesi kişilik gelişimini aksatır

Çocuk, yaşının gerektirdiği sınırlar içinde kendi işini ne kadar kendisi yaparsa, güven duygusu ve ona bağlı olarak da kişilik gelişimi o kadar sağlıklı ilerlemiş olur.

ÇOCUĞUN ANNE, BABA YA DA KARDEŞİNİ TUVALETTE GÖRMESİNİN SAKINCASI OLUR MU?

Evet...

Çocuk eğitimine dair bazı kaynaklar, tuvalet eğitimini anne babanın çocuğa bizzat göstererek öğretmesini tavsiye etmektedir.

Bazı anne babalar da, daha küçük olduğundan hiçbir şey anlamayacağı düşüncesiyle çocuğun yanında tuvalet ihtiyacını gidermekte sakınca görmezler. Ancak bu iki durum da çocuğun kişilik gelişimini olumsuz etkiler.

Çocuk hiçbir yaş döneminde, tuvalet ihtiyacını karşılayan ebeveynin yanında bulunmamalıdır.

Erken çocukluk döneminde annenin tuvalete girmesi, tuvalet dışında yalnız kalan çocuğu kaygılandırır. Bu durumda çocuğu kapı dışında tutmak, zorlamak ve ağlatmak yerine, kapının altından uzatılan bir kurdeleyle anne ve çocuk arasında bağ oluşturulabilir. Annenin kurdeleyi çekerek varlığını hissettirmesi, çocuğun kaygısını azaltacaktır.

Çocuğun abi veya ablasını izleyerek tuvalet eğitimi alacağını düşünmek de doğru bir eğitim yöntemi değildir. Uygulamalı tuvalet eğitimi verilmek isteniyorsa bunu bir bezle göstermek pedagojik açıdan daha uygundur.

> Çocuk, hiçbir yaş döneminde, tuvalet ihtiyacını karşılayan ebeveynin yanında bulunmamalıdır

TUVALET EĞİTİMİ SÜRECİNDE YAŞANAN OLUMSUZLUKLAR CİNSEL GELİŞİMİ OLUMSUZ ETKİLER Mİ?

Olumsuz geçen tuvalet eğitiminin, psikolojik baskıya dönüşmediği sürece, cinsel gelişime etkisi yoktur.

Bazen tuvalet eğitimi tek seferde tamamlanamayabilir. Çeşitli sebeplerle tuvalet eğitimi aksayabilir. Böylesi durumlarda panik yapmadan biraz ara vermekte, çocuğun kendini iyi hissettiği bir dönemde yeniden başlamakta bir sakınca yoktur.

"Tuvalet eğitimi, çocuğun cinsel işlevlerinin henüz bulunmadığı bir dönemde gerçekleştiği için, başarısızlık halinde ortaya çıkan geri dönüşlerin cinsel gelişimle bir ilgisi olamaz...

Başarısızlıkla sonuçlanan tuvalet eğitimi ile cinsel gelişimin ilişkisi yoktur

Tuvalet eğitimi bilgi ve sabır gerektirir. Bu dönemde sinirlerin yıpranması normaldir. Önemli olan bunu çocuğa yönelik bir baskı ve şiddete dönüştürmemektir.

Olumsuz geçen tuvalet eğitimi, cinsel problemlere değilse de iz bırakan psikolojik sorunlara yol açabilir.

Çişini altına kaçıran bir çocuğa "pipini yakarım/keserim" demek direkt cinsel gelişimi etkilemese de psikolojik bir soruna dönüşebilir. Çözülmemiş her psikolojik sorun, ikincil sorunları doğurabilir. Bu ikincil sorun, cinsellikle ilgili olabilir.

BANYODA GENİTAL BÖLGEYİ OVALAYARAK TEMİZLEMEK SAKINCALI MI?

Evet...

Genital bölgenin temizliğinde hassas davranılmalıdır. Tazyikli su tutmak, kese/lif kullanmak, ovuşturmak yanlış temizleme yöntemleridir.

İçerdiği tuz oranı ve barındırdığı bakteriler genital uyarılmalara neden olduğu için havuz, deniz ve göl sularına girildikten sonra temiz suyla duş almak gerekir. Ayrıca hamam, sauna ve kaplıca gibi toplu kullanılan yerlerde genital bölge hijyenine ekstra dikkat edilmelidir. Genital bölgenin ıslak kalmamasına ve kurulama sırasında baskı yapılmamasına özen gösterilmelidir.

Çocuğa banyo yaptırırken genital bölgeye sürekli ve fazlaca temas etmek doğru değildir

Genital bölgenin aşırı uyarılmasının nadir de olsa çocuk mastürbasyonuna yol açtığı bilinmektedir... Cinsel haz olmayan, ancak bir keyif hali yaşatan bu uyarılmalar çocuk tarafından da sürdürülmek istenilebilir.

Çocuğa 3 yaşından itibaren genital bölgesini temizleme eğitimi verilmeye başlanabilir. Ancak bundan genital bölge temizliğini tam olarak yapabileceği anlamını çıkarılmamalıdır. Ebeveyn temizliği yapmaya devam etmelidir.

Özellikle kız çocuklarında fazlaca ovma ya da sabunla yıkama o bölgedeki doğal koruyucu floraya zarar verebilir. Koruyucu bölgenin zarar görmesi, kişiyi enfeksiyona açık hale getirecektir.

Sadece suyla ve ovalamadan yıkamak genital bölge temizliği için yeterlidir.

ÇOCUĞUN ALTI DEĞİŞTİRİLİRKEN DİĞER CİNSİYETTEN KARDEŞİNİN GÖRMESİNİN SAKINCASI VAR MI?

Aynı cinsiyete sahip çocukların alt değiştirme sırasında görülmesinde bir mahzur yoktur.

Çocukların cinsiyeti farklı ise hangi yaşta olursa olsun birbirlerinin genital bölgelerini görmeleri doğru olmaz.

Çocukların cinsiyeti farklı ise hangi yaşta olursa olsun birbirlerinin genital bölgelerini görmeleri doğru olmaz

Bazı görüşlere göre, farklı cinsiyete sahip çocukların birbirlerinin cinsel bölgelerini görmeleri, merak duygularını giderecektir. Bu bakış açısı ayrı cinsiyette çocukların genital bölgeleri açıkken bir arada bulunabilmelerinde sakınca görmese de, hatta merak duygusunun giderilmesini teşvik etse de, çocuklardaki merak duygusu bir defa görmekle giderilecek bir duygu değildir.

Çocuk kendi cinsel bölgesinden çok daha farklı cinsel bölgesi olduğunu gördüğü kardeşi ile ilgili yeni davranış kalıpları oluşturabilir. Dokunmak, ellemek, daha yakından tanımak gibi rahatsız edici, incitici eylemlere girişebilir.

Bundandır ki çocukluk döneminde kardeşlerin birbirlerinin genital bölgesini görmemesi merak duygusunun uyanmaması açısından gerekli bir davranıştır.

Alt değiştirme esnasında, aynı cinsiyete sahip çocuğun kardeşini "seyretmesi" değil "görmesi"nde bir mahzur yoktur. Bununla birlikte, alt değiştirmenin bir temizlik ve kakadan arındırma eylemi olduğu, bunda seyredilecek herhangi bir şey olmadığı çocukla paylaşılmalıdır.

Alt değiştirme esnasında çocuğun yalnız olması mahremiyet eğitimi açısından tercih edilmelidir

Anne babalar küçük çocuğun altını değiştirirken sakınıcı ve bir şeyi gizler bir tarzda değil, doğal bir halde bir başka odaya geçerek temizliği yapmalıdır.

Aksi takdirde, diğer çocukta merak duygusu uyanacağından daha sorunlu davranışlara yol açılabilir. Örneğin; çocuk, kardeşinin pantolonunu sıyırıp bakmaya çalışabilir.

Çocuklar aynı cinsiyete sahip olsalar bile, 2 yaşından sonra birbirlerinin altını görmeleri, kazanacakları mahremiyet eğitimi ve kişisel aura alanlarının oluşması açısından doğru değildir.

Alt değiştirme esnasında diğer çocuğun merak duygusunu uyandırmamak için sakınıcı ve bir şeyi gizler tarzda davranılmamalıdır

ÇOCUĞUN ALTI DEĞİŞTİRİLİRKEN BABANIN ORADA BULUNMASINDA BİR SAKINCA VAR MI?

Sadece babanın değil, üçüncü bir kişinin aynı anda çocuğun altının değiştirilmesini seyretmesi doğru değildir. Çocuğun yaşı küçük olsa da, özel bir durumun bir başka kişi tarafından izlenmesi, çocuğa kazandırılacak kişilik aurası açısından doğru bir davranış olmaz.

Aura; kişilik sınırı demektir. İster fiziksel, ister göz teması ile olsun, kişi kendi sınırları içerisinde özgür olmak, izlenmemek, kendisine izinsiz dokunulmayacağından emin olmak ister. Çocuğa böylesi bir saygınlık kazandırmak onun kişilik gelişimine oldukça büyük katkı sağlayacaktır. Altı değiştirilen bir çocuğun yanında bulunan üçüncü kişilerin çocuğun bu özel durumunu seyretmesi pedagojik olarak yanlıştır.

Kalabalık ortamlarda alt değiştirme işlemi yapılmaması kişilik gelişimine katkı sağlar

Bu, sadece yabancılar için değil çocuğun kardeşleri için de geçerlidir.

Çocuğun altı değiştirilirken, olabildiğince yalnız olması, kalabalık ortamlarda alt değiştirme işlemi yapılmaması kişilik gelişimine katkı sağlar...

BABANIN ÇOCUĞUN ALTINI DEĞİŞTİRMESİNDE SAKINCA VAR MI?

Hayır...

Babanın çocuğun altını değiştirmesinde, eşine yardımcı olmasında hiçbir mahzur yoktur...

Burada önemli olan, çocuğun altının "sadece bir kişi" tarafından değiştirilmesidir... Bu anne de olur, baba da...

Çocuğun altını değiştirirken "sadece bir kişi" prensibi esas olmalıdır

Çocuğun altının sürekli aynı kişi tarafından değiştirmesine özen gösterilmesi kazandırılacak kişisel auralar açısından önemlidir.

Bu yüzden alt değiştirmede "sadece bir kişi" prensibine mümkün olduğunca uyulmalıdır.

Bu mümkün değilse sadece ikinci bir kişi, birinci kişinin yerini alabilir.

Her seferinde farklı farklı kişilerin çocuğun altını değiştirmesi kazanılacak özellikler açısından doğru değildir.

MECBUR KALINDIĞINDA KİMLER ÇOCUĞUN ALTINI DEĞİŞTİREBİLİR?

Mecbur kalınmadıkça çocuğun altı tek kişi tarafından değiştirilmelidir. Bu işi birden çok kişinin yapması çocuğun birtakım duygusal kazanımlar edinmesine engel olabilir. Ancak gerçekten mecbur kalınan durumlarda çocuğun altını değiştirme görevi şu öncelik sırasına göre diğer kişilere devredilebilir:

1. **Öncelik;** anne veya baba.

Çocuğun altı anne tarafından değiştirilemiyorsa bu işi baba üstlenmelidir

Eğer çocuğun altını değiştirme işi anne tarafından üstlenildiyse ama bu iş anne tarafından geçici bir süre yerine getirilemeyecekse çocuğun en çok bir arada bulunduğu, duygusal temas bakımından ikinci en yakını olan baba bu görevi üstlenmelidir. Böylece çocuk aynı zamanda baba ile de bağ kuracaktır. Ancak her alt değiştirme esnasında baba çocuğun yanında olamayacaksa, ikinci öncelik sırasındaki kişilerden biri bu görevi üstlenmelidir. Evde sürekli baba var iken, başka bir kişinin bu görevi üstlenmesi çocukla baba arasında kurulacak bağlanma fırsatını değerlendirmemek olur.

2. Öncelik; yetişkin bir hanım.

Çocuğun her ihtiyacı olduğunda babanın alt değiştirmek üzere yanında olamaması halinde bu iş şu kişilere aktarılabilir: anneanne, babaanne, teyze, hala...

Bu yakınların çocuğun ihtiyaç duyduğu her anda onun altını değiştirebilecek imkânı yoksa (arada bir sunulan yardım geçerli değildir) ergenlik çağını tamamlamış kız kardeş, bakıcı, herhangi bir yetişkin yardımcı kişi...

Henüz ergenlik dönemini tamamlamamış bir kız çocuğunun kardeşinin altını değiştirmesi doğru olmaz. Ergenlik dönemini geçmiş olsa da erkek kardeş, çocuğun alt değiştirmesinde en son düşünülecek yardımcı olabilir... Eğer çocuklar kardeş büyütmeye yardım etmek istiyorlarsa, bez getirme, götürme gibi yan faaliyetlerde bulunabilirler.

Henüz ergenlik dönemini tamamlamamış bir kız çocuğunun kardeşinin altını değiştirmesi doğru olmaz

3. Öncelik; çocuğun bedeninin teslim edileceği ve temizliğini yapacak kişinin kendisinin de çocuk olmaması önemlidir. Özenli davranmak, tiksinmeden temizlik yapmak, şefkatli ve sevecen olmak ancak belli bir olgunluğun getireceği farkındalığı gerektirir. Bundan dolayı oldukça zorunlu haller dışında çocuğun henüz lise çağından küçük ablası, abla olmaması halinde o çağlardaki başka kız çocukları üçüncü sırada yer alır. Aynı yaşlardaki erkek çocukları tercih edilmemelidir. Bu çağlardaki gençlerin kendi kardeşi dahi olsa bir çocuğun altını değiştirmekten hoşlanmayacağı bilinmelidir.

Ergenlik dönemini geçmiş olsa da erkek kardeş, çocuğun alt değiştirmesinde en son düşünülecek yardımcı olabilir

TEDAVİ AMAÇLI FİTİL, TAMPON, KREM UYGULAMASININ SAKINCALARI VAR MI?

Çocuğa herhangi bir sebeple tedavi uygulanacak olduğunda direkt bir sakıncası olmasa da anal tedavi en son düşünülecek çözüm olmalıdır.

Zira çocuğun genital bölgesine yapılacak her türden müdahale onun utanma ve mahcubiyet gelişimine ket vuracaktır. Bir yetişkin tedavi amaçlı da olsa genital bölgesine müdahale edilmesinden nasıl rahatsızlık duyar ve mümkün olduğunca farklı tedavi yöntemlerine yönelirse çocuk için de durum bundan farklı değildir.

Anal tedavi en son düşünülecek çözüm olmalıdır

Ebeveynler küçük çocuklarının genital bölgelerine tedavi amacıyla dokunurken çocuğun bundan rahatsız olmadığını düşündükleri için oldukça rahat davranabilmektedirler. Halbuki çocuğun kendini cinsel istismardan korumasına olanak sağlayacak utanma, mahcubiyet duygularının gelişimi ve kişisel özel bölge kazanımlarını elde edebilmesi için tedavi amaçlı olsa bile bu konuda hassas olunmalıdır. Söz konusu bölgelere yönelik her türlü dokunuş çocuğun duygusal kazanımları açısından bir kayıptır.

Bunun haricinde, kabızlık durumunda lavman uygulamak, özellikle 7 yaş öncesi çocuklarda tıbben doğru olsa da pedagojik olarak yanlış bir yöntemdir. Bu can sıkıcı ve acı verici tedavi yönteminin uygulanması çocuğun kaka yapmaya çekinmesine ve acı duyacağı hissiyle tuvalete gitme konusunda ön yargı geliştirmesine sebep olabilir.

Tedavi için fitil kullanmak ile cinsel sapma arasında bir ilişki kurulamaz

Bununla birlikte bazı anne babalar, ateşli hastalıklarda fitil kullanılmasının özellikle erkek çocuklarda cinsel sapmalara yol açabileceği endişesini taşırlar. Bu doğru bir kaygı değildir. Fitil kullanmak ile cinsel sapma arasında bir ilişki kurulamaz.

Ayrıca genital bölgeye sürülmesi gereken krem veya losyon gibi tedavi ediciler, olabildiğince ovalanmadan ve çok fazla baskı yapmadan kullanılmalıdır. Bunların mümkün olduğunca bir başkası değil, çocuğun kendisi tarafından kullanılmasına olanak sağlamak iyi olacaktır. Çocuklara bu tür tedavi edicilerin nasıl uygulanacağı öğretilmelidir.

Çocuk mastürbasyonunun bir sebebinin de çocuğun genital bölgesinde kullanılan ilaçların bileşimi ve yanlış kullanımı olduğu bilinmelidir. Kimyasal içeriği hassasiyete sebep olabilecek ilaçlar, konu hakkında bilgi sahibi bir hekimin tavsiyesiyle kullanılmalıdır.

Aşırı kimyasal bileşen içeren ve uyarıcı ilaçların, özellikle kız çocuklarında genital bölgenin fark edilmesine ve uyarılmasına yol açacağı bilinmelidir.

Çocuk mastürbasyonunun bir sebebinin de çocuğun genital bölgesinde kullanılan ilaçların kimyasal tesiri ve yanlış kullanımı olduğu bilinmelidir

ÇOCUĞUN DİZDE HOPLATILMASI DOĞRU BİR OYUN YÖNTEMİ Mİ?

Dizde hoplatmak, koltuk kollarında oyun icat etmek, zıplama toplarında zıplamak, çocuğu yürüteçte bırakmak, sallanan oyuncak atlar üzerine oturtmak, araç koltuklarındaki emniyet kemerini genital bölgeye gelecek şekilde sıkıca ayarlamak… çocuklarda uyarılmalara sebep olabilecek yanlış tutumlardır. Genital bölgenin oyun veya eğlenceler sırasında baskı altında tutulması veya herhangi bir sebeple sürtündürülmesi çocuk mastürbasyonun sebeplerindendir.

Yine, uyarılmaya sebep olabileceğinden çocukları yüzüstü yatırmamak daha uygundur. Çocuk yüzüstü yatmaktan keyif alıyorsa onu farkına vardırmadan yan yatırmaya teşvik etmelidir.

Çocukları sağ taraflarına yatırmak tercih edilmelidir. Kalp sol tarafta olduğu için o tarafın üstüne yatmak tıbbi olarak doğru değildir.

Çocuğun genital bölgesini uyaracak oyun ve oyuncaklardan kaçınılmalıdır

ÇOCUK MASTÜRBASYONU ANNE BABADAN GENETİK OLARAK AKTARILIR MI?

Hayır...

Çocuk mastürbasyonu (fizyolojik sebepler hariç olmak üzere) yanlış pedagojik yöntemler sonucunda ortaya çıkar. Mastürbasyon, genetik aktarımla anne babadan çocuğa geçmez.

Çocuk mastürbasyonu cinsel haz ihtiyacından doğan bir davranış sapması değildir. Bu davranış, vücudun herhangi bir yerindeki deri kaşıntısından farksızdır. Ancak çocuğun bu davranışı sürdürmesi, anne çocuk bağının zayıflığıyla bağımlılık boyutuna varabilir.

Çocuk mastürbasyonu genetik değildir

Başlangıç sebepleri farklı farklı olsa da mastürbasyon bir oyalanma davranışıdır. Çocuk yalnız kaldığında, iletişim ihtiyacını karşılayamadığında, incinmişlik hissettiğinde ve can sıkıcı durumlarda kendini dış dünyaya kapatıp bir oyalanma, kendi ile meşgul olma davranışı geliştirebilir.

Tedavi, bu davranışı ortaya çıkaran yukarıdaki sebeplerden arınmak şartı ile anne çocuk bağının kuvvetlenmesi şeklinde düşünülmelidir. Çocuğun bu oyalanma davranışını terk etmesi için, yaşamdan keyif alabildiği ve kendini oyalamaya ihtiyaç bırakmayan ortamlar oluşturulabilir.

Anne babanın cinsel yaşamının çocuk mastürbasyonunun oluşmasında bir etkisi yoktur.

SÜREKLİ BİR YERLERE SÜRTÜNMEK ÇOCUK MASTÜRBASYONU ANLAMINA MI GELİR?

Hayır...

Çocuklar bazen can sıkıntısı, dalgınlık ve hoşa gitme nedeniyle sürtünme davranışına girişebilirler. Özellikle erkek çocuklar, 3-6 yaş aralığında cinsel uzuvlarıyla oynayabilirler. Bunlar çocuk mastürbasyonu değildir. Çocuk mastürbasyonunun görünürde en büyük belirtisi, çocuğun kendine engel olamaz şekilde sürekli ve sertçe sürtünmesi, o esnada ter içinde kalması, buna engel olunduğunda agresif ve tepkisel davranışlar ortaya koymasıdır.

Çocuk mastürbasyonunun özelliği sürekli, sertçe ve ter içinde kalırcasına sürtünmektir

Çocuk mastürbasyonu 6 yaş öncesinde her yaşta görülebilir. 1 yaşındaki çocuklarda dahi rastlanılabilir. Cinsiyet fark etmeksizin ortaya çıkabilir.

Çocuğun maksadı cinsel haz olmasa da davranışın şekli öyle algılanmasına yol açar. Aslında bu, çocuğun bilerek ve isteyerek yaptığı bir eylem değildir.

Böyle bir durumda, çocuğu utandırmak, aşağılamak, davranışı belirgin hale getirmek doğru değildir. Çözümü ceza veya korkutmakta değil, duygusal bağların kuvvetlendirilmesindedir. Çocuğu ahlaksızca bir eylem yapmış gibi değerlendirip zorla bu davranıştan vazgeçirmeye çalışmak, hafızasında olumsuz iz bırakan bir hatıraya dönüşebilir.

ÇOCUĞA FİZİKSEL ZOR KULLANARAK KAZANIMLAR OLUŞTURMAK YANLIŞ MI?

Sebep ne olursa olsun, çocuğun bedenini zorlamak, çekiştirmek, itmek, sıkıştırmak, oyun amacıyla da olsa üzerine abanmak, pedagojik açıdan doğru davranışlar değildir. Çocuğun kişilik gelişimine katkı sağlayan auraların zarara uğramasına yol açar.

Her ne kadar, bazı durumlarda "çocuğun sağlığı için" zorlayıcı davranışlara ihtiyaç duyulsa da, doğru olan yöntem, konuşarak, çocuğun muhtemel kaygısını anlayışla karşılayarak, fiziksel zorlamadan kaçınarak davranış oluşturmaktır.

İlaç içme, iğne vurulma, kan aldırma, diş çektirme, tomografi çektirme, sünnet olma gibi durumlar her çocuğu belirli düzeylerde kaygı ve korkuya sevk eder. Yetişkinler çocuğun iyiliği için bu davranışlara odaklanırken, zorlayıcı davranışa maruz kalan çocuğa verdikleri zararı fark edemeyebilirler.

Çocuğun istemediği davranışı bedensel zorlamayla yerine getirtmeye çalışmak kişilik gelişimine zarar verir

Hangi tedavi yöntemi kullanılacaksa kullanılsın, çocuğa ne yapılacağı ve ne kadar acı duyacağı tahmini olarak gösterilmelidir

Ne olursa olsun, çocuğa biraz sonra başına gelecek şeyin ne olduğu, o esnada ne kadar acı duyacağı, neler yapılacağı önceden ebeveyni tarafından anlatılarak duyduğu kaygı azaltılmalıdır. Hatta, yapılacaklar hafif bir uygulama örneğiyle önceden tatbik edilir ve bunlar bir güven ortamı içinde gerçekleşirse çocuğa saygınca davranılmış olur.

Böylece çocuğun zorla teslim alınması konusundaki dirençleri de kırılmamış olur.

Çocuğun asla ikna olmadığı durumlarda dahi esas olan zorlamamaktır. Mutlaka yapılması gerekli olan bir şey ise çocuğa tesir edebilecek bir kişi konuşarak onu ikna etmeye çalışmalıdır. Özellikle çocuğun kollarının, bacaklarının baskı altına alınıp başının, boynunun, yüzünün sıkıştırılması kişilik gelişimini olumsuz etkiler.

Her durumda o tedavinin mutlaka gerekli olduğu çocuğa anlatılmalı, varsa kaygıları giderilmeli, birkaç dakika içerisinde hemen çözüme erişmeye çalışmaktan kaçınmalıdır. Uygulamayı zamana yaymak en doğru çözümdür.

Çocuğun asla ikna olmadığı durumlarda dahi esas olan zorlamamaktır

ÇOCUĞUN BAŞKALARININ YANINDA GİYİNİP SOYUNMASINDA BİR MAHZUR VAR MI?

Çocuk henüz küçük, utanma ve mahcubiyet hissi yok diye kalabalık ortamlarda soyunup giyinmek durumunda bırakılmamalıdır. Nasıl bir yetişkin başkalarının bulunduğu ortamlarda bunu yapmaktan rahatsız oluyorsa, çocuk da her ortamda giyinip soyunamayacağını adım adım fark etmelidir.

Çocuğun terlemesi, üzerini kirletmesi, altını ıslatması gibi oldukça doğal durumlarla karşılaşılması halinde herkesin içinde değil, çocuğun özel bir alanda üstünü değiştirmesine yardım edilmesi, kişiliğinin gelişimine olumlu etki eder. Başka insanların yanında aceleyle üst değiştirmenin, çocuğun auralarına zarar verdiği ve mahremiyet hissini zedelediği bilinmelidir.

> Yetişkinin giyinip soyunmaktan rahatsız olacağı durumlarda çocuğun da giyinip soyunmadan rahatsız olacağı bilinmelidir

Çocuk, 3 yaşından sonra, başkalarının yanında giyinip soyunmama konusunda yavaş yavaş bilgilendirilmelidir. Anne veya babanın çocuğa yardım etmesi gerekiyorsa "sadece bir kişi prensibi" uygulanmalıdır.

Özellikle iç çamaşırlarını değiştirmesi esnasında, yardımcı olan kişinin çocuğun bedenini seyretmemek üzere yüz çevirmesi, bakmamaya çalışması, onu utandıracak bir vaziyette değil, bedenine saygınlık hissi uyandıracak bir tebessüm içinde olması gerekir.

Giyinmeye yardımcı olan ebeveyn her aşamada, örneğin "Şimdi müsaadenle pantolonunu çıkaracağım, atletini çıkaracağım" diyerek izin almalıdır. Kendisine yapılacak her müdahale hakkında bilgi verilmesi çocuğun en doğal hakkıdır.

Çocuk üstünü değiştirirken onu utandırmamak gerekir

Çocuğun bedeni üzerinde gerçekleşen her eylem özeldir. İster kıyafet giydirip çıkartma, ister tıbbı müdahale olsun çocuğa bedenine kimsenin hoyratça davranamayacağı hissinin edindirilmesi, çocuğun saygın bir kişiliğe erişmesinde rol oynayacaktır.

Bunun yanı sıra, giyinip kuşanmak, insan yaşamında oldukça önemli bir ayrıntıdır. Giyilen kıyafetin renk seçimi, bedenle uygunluğu, şık ve zarif olması gibi detaylar saygın bir kişiliğin destekçi unsurlarıdır. Aceleyle ve zorla giydirilmek, kıyafetin ayrıntısını dahi fark edemeyecek derecede özensiz davranılmak çocuğa haksızlıktır. Bu şekilde özensiz davranılmış çocukların sosyal yaşamdaki duruşları da özensizdir...

Çocuğun kıyafetleri yaşına uygun olmalıdır. Özenti oluşmaması için, çizgi film karakterleri taşımayan giysiler tercih edilebilir. Ayrıca çocuklara yetişkin kıyafetlerinin adeta küçük kopyalarını giydirmek de doğru değildir. Küçük yaştaki bir çocuğunun kravat takması, gelinlik giymesi, takım elbise ve rugan ayakkabı kullanılması ebeveyni mutlu etse de pedagojik açıdan uygun değildir.

Giyinme sırasında anne veya babanın çocuğa yardım etmesi gerekiyorsa "sadece bir kişi prensibi" uygulanmalıdır

Çocuk, kendini giydiği kıyafetin ağırlığını taşımak zorunda hisseder... Kravatlı ve takım elbiseli 7 yaşındaki bir çocuk ne koşabilir ne coşabilir... Onu bu kıyafetle gören yetişkinler de çocukla bir çocuk olarak iletişime geçmek yerine, karşılarında sevimli ve olgun biri varmış gibi iletişime geçerler. Bu durum çocuğu yanıltır, yetişkinlerden diğer zamanlarda da aynı şekilde ilgi ister.

Düğün, bayram, doğum günü gibi özel günlerde çocukların o güne has kıyafetler giymesinde sakınca yoktur... Ancak düğünlerde kız çocuklarının gelinlik, erkek çocuklarının damatlık giydirilerek çift haline getirilmesi oldukça yanlış bir tavırdır.

ANNE BABANIN ÇOCUĞUN YANINDA GİYİNİP SOYUNMASINDA BİR SAKINCA VAR MI?

Evet...

Nasıl ki çocuğun kişilik gelişimi açısından belirli bir yaş döneminden sonra "giyinip soyunmada yalnızlık" prensibi varsa, çocuğun başka birini giyinip soyunurken görmemesi, seyretmemesi de aynı prensibin devamıdır.

Anne baba, kendi odalarında giyinip-soyunurken de bu hassasiyete dikkat etmelidir. Eşlerin aynı odada giyinmesi çocuğun aklına "neden kendisinin orada olmadığı halde anne babasının aynı anda giyinip soyunduğu" sorusunu getirecektir.

"Giyinmede yalnızlık" ilkesi kişisel sınırların kazanılması için önemlidir

7 yaş öncesi çocukların eğitimine katkı sağlamak amacıyla "giyinmede yalnızlık" ilkesi çocuğun bulunduğu zamanlarda eşler arasında da geçerli olmalıdır. Bu, çocuğun mahremiyet eğitimi açısından dikkat edilmesi gereken bir durumdur.

Eğer anne baba aynı odadayken üst değiştirmek için sadece çocuğu kapının dışında bırakırlarsa çocuğun ucu bucağı zor yakalanacak sorularına yol açmış olurlar. Ve o güne kadar aktarılmaya çalışılan ahlaki örüntüler bulanmaya başlar.

Ebeveynler her durumda çocuğun görmesi ihtimalini düşünerek hatta bunu daha da belirgin hale getirerek giyinmelerinde fayda vardır. "Baban üzerini değiştirecek kızım, hadi istersen biz dışarı çıkalım" ya da "Annen giyinecek, hadi biz çıkalım" gibi cümleler bu hassasiyeti pekiştirir. Ancak çocuğa, "Baban üzerini değiştirecek. Hadi dışarı çık" dedikten sonra annenin odada kalması çocuktaki yapılanmayı altüst eder.

Çocuk, anne babasını giyinirken neden göremeyeceğini sorduğunda "kendi bedeninin başkası tarafından görülmesinden" hoşlanmadığı söylenebilir

Çocuk, anne babasını giyinirken neden göremeyeceğini sorduğunda, "kendi bedeninin başkası tarafından görülmesinden" hoşlanmadığı, "utandığı" söylenebilir. Bu söylem, çocuğun kendi bedeninin başkaları tarafından görülmesinde konusundaki hassasiyeti için de önemlidir.

Bazı anne babalar, aynı cinsiyetteki kişilerin birbirini görebileceği, dolayısıyla kız çocuğunun bu esnada annesiyle birlikte bulunabileceği, erkeklerin de babayla olabileceği düşüncesini taşırlar. Böylesi bir ayrım yanlıştır. "Giyinmede ve soyunmada yalnızlık" prensibi, cinsiyet ve ebeveyn ayrımına bakılmadan kazandırılmalıdır. Çocuklardan birinin cinsiyetinden ötürü annesi ya da babası ile birlikte olması, kendisinin ise onların yanında bulunmaması, negatif duygulara ve yanlış anlamalara yol açabileceği için doğru değildir. "Yalnızlık" ilkesi farklı cinsiyetlerin birbirini görmemesi açısından değil, "kişisel sınırların kazanılması" açısından önemlidir.

0-4 yaş döneminde çocuklar yalnız kalmaktan korkarlar, anne veya babası giyinip soyunurken yanlarında olmak isterler... Oda dışında kalmak bu yaş grubundaki çocuklara iyi gelmeyebilir... Böylesi durumlarda çocuk ebeveyni ile aynı odada olabilir, ancak "Gözlerini kapar mısın, üzerimi değiştireceğim..." veya "Arkanı döner misin..." gibi sözlerle çocuğa aynı oda içinde fakat anne babasının çıplak bedenini görmeyecek şekilde bir ortam oluşturulabilir.

Giyinme esnasında, çocuk da olsa anne baba da olsa odalarının kapılarını kapalı tutmalı, giyindikten sonra açmalıdır.

Giyinme esnasında, çocuk da olsa anne baba da olsa odalarının kapılarını kapalı tutmalı, giyindikten sonra açmalıdır

ÇOCUĞUN FARKLI AİLELERDEKİ KÜLTÜREL GİYİM TARZINI GÖRMESİ GELİŞİMİ AÇISINDAN SORUN OLUR MU?

Hayır, olmaz…

Aksine, farklı kültürlere ve farklı giyiniş tarzlarına sahip kişilerle birlikte olmak çocuk açısından bir zenginliktir.

Çok kültürlü toplumlarda, farklı yaşam tarzları ile karşılaşmak çocuğun kendi ailesini sorgulamasına neden olacaktır. Bu sorgulama gelişimi açısından iyidir… Örneğin annesinden farklı bir giyim tarzını benimseyen teyzesiyle veya bir komşusuyla temas etmesi, yaşam farklılığını görmesi gelişimine olumlu katkı sağlar. Sadece komşusunu veya akrabalarını değil, aynı zamanda farklı şehirler, köyler, kasabalar ve hatta farklı ülkelerdeki farklı yaşam tarzlarını da gördükçe kişiliğini güçlendirir, dünyaya bakışını daha anlamlı hale getirir…

> Farklı giyiniş tarzlarına sahip kişilerle birlikte olmak çocuk açısından kayıp değil, bir zenginliktir

Çocuktan sadece kendi çevresiyle ilişki içinde olmasını beklemek ona haksızlıktır… Başka yaşam tarzlarını görmenin çocuğu aileden koparacağı kaygısı yersizdir.

Önemli olan, çocukla ailenin iletişiminin sağlıklı olmasıdır... Çocuk ailesinin yanında kendini iyi hissediyor, onlarla olmanın mutluluğunu yaşıyorsa ve çocukla ebeveyn arasında güçlü bir bağ varsa, göreceği her farklı yaşam çocuğa katkı sağlayacaktır...

> Hiçbir çocuk mutlak bir itaat içinde sadece ailesinin etkisiyle gelişimini sürdüremez

Eğer çocuk kendi ailesiyle ilgili olumsuz duygulara sahipse, ailede sağlıklı bir diyalog yoksa, o zaman farklı kültürden kişilerin yaşam tarzları çocuk üzerinde etkili olabilir.

Hiçbir çocuk mutlak bir itaat içinde ve sadece kendi ailesinin etkisiyle gelişimini sürdüremez... Böyle bir beklenti çocuğa haksızlık olur. Bu yönde bir çaba anne babaları da çocuğu da yorar...

Okul döneminde çocuğun giyim, kuşam, aksesuar gibi, kendini iyi hissedeceği birtakım tercihlerine "makul ölçülerde" müsaade edilmeli, uygun olmayan isteklerine de saygın bir iletişim içerisinde açıklamalar getirilmelidir.

Okul dönemindeki çocuğun tercihlerine "makul ölçülerde" müsaade edilmelidir

Davranışları taklitle öğrenen çocuk, zaman zaman farklı giyim ve davranışlara merak salsa da, bu üzerinde durulması gereken bir durum değildir. Çocuğun gezi, eğlence ve kültürel aktivitelere duyguları ile birlikte katılabilmesi için bazen yöresel kıyafetlerin giyilmesi faydalıdır. Örneğin köye giden bir erkek çocuğunun kasket giymesi, kız çocuğunun eşarp, fular kullanması... Doğuya giden bir kişinin şalvar giymesi, batıya giden bir çocuğun spor giyinmesi kültürel zenginliğine ve dünyaya bakışına katkı sağlar. Yeter ki çocuk, ailesi ile kopuk bir yaşam içinde olmasın...

ÇOCUĞUN EVDE ÇIRILÇIPLAK GEZMESİNE HANGİ SINIRLAR İÇİNDE İZİN VERİLMELİ?

Çocuklar altları değiştirilirken ayağa kalkmak ve çıplak vaziyette koşup dolaşmak isterler. Bazen de banyodan sonra henüz giyinmeden kaçmayı oyun haline getirirler. Bu, gayet normal bir davranıştır, cinsel gelişime zarar verici bir yanı yoktur. Gerek altı değiştirilirken gerekse de banyo sonrasında tenine çarpan rüzgâr, bezin ve kıyafetlerin verdiği rahatsızlıktan kurtulmak, kendini özgür hissetmek çocuğa iyi gelir... Keyifli duygular yaşatır... Bunu engellemek çocuğun bir kazanımını engellemek anlamına gelir.

Bazen de çocuğun kıyafetlerinin rahatsız edecek kadar sert ya da dar olması, çocukta onlardan kurtulma ihtiyacı doğurabilir.

Çocuk giyiminde terleten, sentetik kıyafetler değil, yumuşak, pamuklu giysiler tercih edilmelidir. Dar ve sert kumaşlar çocuğu rahatsız eder.

Önemli nokta, başkalarının da bulunduğu bir ortamda çocuğun çırılçıplak dolaşmamasıdır. Giyinme esnasında olduğu gibi alt değiştirme ve banyo sonrasında da "yalnızlık ilkesi" geçerlidir.

3 yaşından sonra çocuğa annesiyle yalnız kaldığı sırada bile çırılçıplak dolaşmaması gerektiği anlatılmalıdır.

Bu, aynı zamanda çocuğun kişilik sınırları, edineceği hisler açısından da önemlidir.

3 yaşından sonra çocuk evde çıplak dolaşmamalıdır

ÇOCUĞUN ANNE BABASINI ÇIPLAK GÖRMESİ DURUMUNDA NE YAPILMALI?

3 yaş döneminden sonra, hangi yaşta olursa olsun, çocuk bir başka insanın çıplak bedenini gördüğünde şaşırır... Gayet normal, insani bir refleksle ya birden ortamı terk eder ya da öylece kalakalır...

Böylesi beklenmedik bir olay çocuğu utandırabilir, suçluluk duygusuna yol açabilir...

Yetişkinin buradaki önceliği, kendi adına tepkisel davranmak değil, çocuğun suçlu hissetmesini önlemektir.

Çocuk zaten utanmışken bir de yetişkinin bu duyguyu pekiştirecek bir öfkeyle tepki göstermesi, o anın bellekte bir iz olarak kalma ihtimalini artırır.

Ansızın yaşanan istenmeyen olaylar, fırsat eğitimine dönüştürülebilir

Çocuğun heyecan dolu yaşamı, kapı çalıp odaya girme alışkanlığını edinmesini zorlaştırır... Özellikle 7 yaş öncesi dönemde bu türlü beklenmedik olaylar sıklıkla görülebilir... Ebeveynler bu anları abartıp çocuğun yaşamında önemli iz bırakan bir ayrıntıya dönüştürmemelidir... Çocukta yaşanan olayın kendisi değil, o olay sırasında karşılaştığı tepki iz bırakır...

Zor durumda kalan kişiden özür dilenmesinin yerinde bir davranış olacağı çocuğa öğretilmelidir

Böylesi durumlarda çocuğun yaşadığı şaşkınlık, utanma hissiyle odayı terk etmesi, gözlerini kapamaya çalışması yeterli bulunmalı... Yaşanan kazayı tebessümle karşılamalı, yetişkin kişi de aynı zamanda bedenini korumak üzere bir refleks halinde bedenini sakınmalı... Bu olaydan sonra konu hakkında konuşulmamalı... Çocuktaki muhtemel suçluluk hissinin geçtiği bir zaman diliminde, bir başkasının odasına nasıl girilmesi gerektiğinin "uygulamalı" eğitimi verilmeli... O güne çağrışım yapacak örneklendirmelere girişilmeden tecrübeler ve hatıralar paylaşılmalıdır...

Bu ister çocukluk döneminde ister yetişkinlik döneminde olsun, zor durumda kalan kişiden özür dilenmesinin yerinde bir davranış olacağı da çocuğa öğretilmelidir...

Aynı zamanda çocuğa kendi çıplak bedeninin başka birisi tarafından bilerek veya bilmeyerek görülmesi halinde de kendi bedenini korumaya almayı "uygulamalı" olarak göstermek gerekir. Bedenin korunmaya alınması, bazen bir kıyafetle hemen üzerinin örtülmesinden vücudun duruş şekline kadar uygulamalı olarak tarif edilebilir...

Çocuğa kendi bedenini nasıl korumaya alacağı "uygulamalı" olarak gösterilmelidir

Böylece yaşanan can sıkıcı bu olay, suçluluk duygusu edinilmesinin önüne geçildiği gibi, bir fırsat eğitimine de dönüştürülmüş olur.

ERKEK ÇOCUĞUN ANNESİYLE BİRLİKTE YATMASININ SAKINCASI VAR MI?

Hayır, yoktur...

İster kız olsun, ister erkek, çocuk 24 ay boyunca anneyle birlikte yatmalıdır. Emme süreci boyunca çocuğun anne ile yatması, hem annenin hem de çocuğun yararınadır. İlk 2 yıl anne ile yatan bebeklerde güven duygusu gelişir... Anne ile güvenli bağ oluşur... Böylece anneden ayrılma süreci kolaylaşır. Zira anne ile güvenli bağlanan çocuk güvenlice ayrılabilir... Annesiyle güvenli bağ oluşturamayan çocuğun anneden ayrılması zordur...

24 aydan sonra çocuk, annenin yanından adım adım ayrılma başlamalıdır. Anne yanından ayrılma süresi 30 aya kadar tamamlanmalıdır...

Anne sütü alan çocuklar önce anne sütünden kesilmeli... Sütten kesilmekten kaynaklanan kaygılı durum, anne yanında teselli ve güven bularak atlatılmalı... Çocuk yeniden dengeye girdiğinde, anne yanından ayrılma süreci başlatılmalıdır...

30. aydan sonra da çocuğun annesiyle yatmaya devam etmesi anne bağımlılığı oluşturabilir, ayrılma sürecini zora sokar...

Bir kişilik problemi olmadıktan sonra anne-erkek çocuk veya baba-kız çocuk arasındaki yakınlaşmayı cinsellik üzerinden yorumlamak insan doğasına aykırıdır

Bazıları, çocuğun 6. aydan sonra emmeyi bırakması ve anne yatağından ayrılması gerektiğini tavsiye etmektedirler. Bu, doğru bir yaklaşım olmaz... Çocuğun henüz anneden ayrılabilecek kadar güven duygusu kazanmadığı 6 aylık dönemde, onu zorlayarak, ağlatarak anneden ayırmak doğru değildir. Pedagojinin temelinde, doğal olan hiçbir şeyde çocuğun tepkiselliğine ve ağlamasına rastlanmaz. Çocuğun anneyle gerçekleştireceği ilk 2 yıldaki bağlanma hem annenin hem de çocuğun ihtiyacıdır...

Bir kişilik problemi olmadıktan sonra anne-erkek çocuk veya baba-kız çocuk arasındaki yakınlaşmayı cinsellik üzerinden yorumlamak insan doğasına aykırıdır. Hiçbir ebeveyn (kişilik bozuklukları ve akıl hastalıkları hariç olmak üzere) kendi çocuğuna cinsel yakınlık duyamaz... Hiçbir çocuk anneyi 24 ay emmekle ve anne yanında yatmakla cinsel bozukluk yaşamaz...

Çocuk ile anne arasında yakınlaşmalara engel olacak söylemler üretmenin "anne çocuk bağına" zarar vereceği unutulmamalıdır

Henüz bilincin dahi açık olmadığı bu dönemde, çocuk ile anne arasındaki yakınlaşmalara engel olacak söylemler üretmenin "anne çocuk bağına" zarar vereceği unutulmamalıdır.

Her halükârda 4 yaş sonrasında çocuğun kendi odasının olması ve odasında yatması bireysel gelişimi açısından bir ihtiyaçtır... 7 yaş dönemine kadar çocuğun ara ara ebeveyn yatağına ihtiyaç duymasında bir mahzur yoktur. Çocuk anne baba yatağına geldiğinde, onu bir süre orada teselli etmek, daha sonra geceyi orada geçirmemek üzere kendi yatağına taşımak pedagojik olarak doğrudur...

Pedagojide temel prensiplerden biri, çocuğun uyuduğu yerde uyanmasıdır. Ebeveynin buna dikkat etmesi gerekir.

7 yaş sonrası ve ergenlik dönemi öncesinde çocuğun artık kendi odasında, kendi yatağında uyuması ve uyanması gerekir. Zaman zaman yaşanan korkular, kaygılar ve duygusal yoksunluklar nedeniyle anne babaya ihtiyaç duymak bu dönemde de normaldir. Bir alışkanlık ve rutine dönüşmemek üzere arada bir ebeveyn yanına gelmek normal olsa da, ergenlik döneminde, çocuğun artık tamamen kendi yatağında yatması gerekir. Oldukça nadir durumlarda çocuk anne baba yakınlığına ihtiyaç duyduğunda, anne baba yatağında değil, çocuğun kendi yatağında bu ihtiyacın giderilmesi tavsiye olunur.

7 yaş sonrası ve ergenlik dönemi öncesinde çocuğun artık kendi odasında, kendi yatağında uyuması ve uyanması gerekir

KIZ ÇOCUĞUN BABASIYLA YATMASININ SAKINCASI VAR MI?

Hayır, yoktur...

Ebeveynlerin cinsiyet farkı gözetmeksizin kendi çocuklarıyla sarılıp kucaklaşmasında, öpüşüp koklaşmasında hiçbir mahzur yoktur. Bir kız çocuğunun babasıyla uyuma isteği ile cinsel davranış arasında bağ kurulması anlamsızdır.

Kişisel sapma problemi ya da bir akıl hastalığı hariç olmak üzere, ebeveynin kendi çocuğuna yönelik bir cinsel eğilim söz konusu olamaz.

Yukarıda izah edilen gelişim dönemlerine dikkat edilmek şartıyla, çocuğun ebeveyniyle ilişkisini cinsellikle yorumlamak doğru değildir.

Bir kişilik bozukluğu olmadıktan sonra ebeveynlerin çocuklarıyla sarılıp kucaklaşmasında bir mahzur yoktur

ANNE, BABA VE ÇOCUĞUN HEP BİRLİKTE YATMASININ SAKINCASI VAR MI?

Çocuk sürekli olarak ancak 0-2 yaş aralığında anne baba yatağında bulunabilir.

30. aydan sonra çocuğun sürekli olarak ebeveyn yatağında uyuması ve kalması pedagojik olarak doğru değildir.

İlerleyen yaş döneminde çocuğun korku, kaygı ya da kendini zayıf hissettiği zamanlarda ara ara ebeveyn yatağına gelmesi, bu kaygıları dindirmeye çalışması normaldir.

Çocuğun biraz ebeveyn yatağında kalıp, annesine sarılıp korku ve kaygısından arındıktan sonra tekrar kendi yatağına götürülmesi kaydıyla bunda bir mahzur yoktur.

Pedagojide temel prensip; çocuğun nerede uyuduysa orada uyanmasıdır

Anlık kaygı ve korku yaşayan çocuğun, ayda bir iki defayı geçmemek üzere ebeveyn yatağına gelmesini normal karşılamak gerekir. Ancak bu gelişler haftada bir veya ikiye çıkmışsa, çocuğun kaygılarının derin olabileceği düşünülerek ebeveyn yatağında değil de çocuğun kendi yatağında ona destek verilmelidir. Çocuğun sürekli anne baba yatağını tercih etmesinin kökeninde hangi duygunun yer aldığı araştırılmalıdır. Belki bir uzman desteğine başvurulmalıdır.

Çocuk herhangi bir sebepten ebeveyn yatağına geldiğinde onu direkt reddetmemek gerekir. Böyle durumda izlenmesi gereken yol şudur:

Çocuk herhangi bir sebepten ebeveyn yatağına geldiğinde onu direkt reddetmemek gerekir

Çocuğun yatağa uzanıp annesine sarılması, kaygılarını gidermesi, daha sonra "istersen senin yatağına gidelim" denilip kendi yatağına alınması ve orada çocuk uyuyuncaya kadar kalınıp ebeveynin daha sonra kendi yatağına dönmesi...

Pedagojide temel prensip; çocuğun nerede uyuduysa orada uyanmasıdır.

Çocuğu ebeveyn yatağında uyutup kendi yatağına taşımak doğru değildir.

Çocuk biraz ebeveyn yatağında kalıp, annesine sarılıp korku ve kaygısından arındıktan sonra tekrar kendi yatağına götürülmelidir

KUZENLERİN BİRBİRLERİYLE YATMASINDA BİR SAKINCA VAR MI?

Genel prensip olarak iki kişinin aynı yatakta yatması ister kardeş, ister kuzen olsun doğru değildir.

Yer darlığından ya da yatak azlığından kaynaklanan zorunluluk hallerinde çocuklar en fazla 4 yaşına kadar aynı yatakta yatabilir. Çocukların kardeşlik bağını güçlendirmek için 7 yaşına kadar aynı odada ama ayrı yatakta yatmaları tavsiye olunur.

7 yaşından sonra şartlar elveriyorsa erkek veya kız ayrımı yapılmadan çocukların ayrı odalara taşınması kişilik gelişimi açısından faydalıdır. 7 yaş sonrasında, yer darlığı nedeni ile çocukların ayrı odalarının olamaması halinde bu durum en çok 10 yaşa kadar uzatılabilir. 10 yaş sonrasında çocuğun kendi odasını kardeşiyle paylaşması kişisel gelişim sürecinde aksaklıklar oluşturur.

4 yaşından sonra çocuklar aynı yatakta yatmamalıdır

Büyük ebeveynlerin gözüne hepsi kardeş gibi görünse de, torunlar kardeş değil, kuzendir

İster aynı evde yaşansın ister misafirlik esnasında kuzenlerle aynı ortam paylaşılsın, 4 yaş sonrasında kuzenlerin aynı yatakta yatması doğru olmaz...

Misafirlik halinde 7 yaşa kadar kuzenlerin aynı odada ayrı yataklarda yatmasında sakınca yoktur. Aynı evde yaşayan kuzenlerin ise 4 yaşından sonra aynı odayı paylaşmaları sakıncalıdır, mutlaka farklı odalara geçmelidirler.

Büyükanne, büyükbaba gibi yetişkinler, torunlarının kardeş olduğu düşüncesini taşıdıkları için, çocukları birbirlerine yakınlaştırmak adına aynı odada birlikte yatırmakta sakınca görmeseler de bu bakış açısı doğru değildir. Büyük ebeveynlerin gözüne hepsi kardeş gibi görünse de, torunlar kardeş değil, kuzendir... Kuzen yakınlaşması kardeş yakınlaşması gibi değerlendirilmemelidir.

Kuzen yakınlaşması kardeş yakınlaşması gibi değerlendirilmemelidir

Aile ve akraba ortamlarında 7 yaş sonrasında, "kız kıza ne olacak", "erkek erkeğe bir şey olmaz" yaklaşımı doğru değildir...

ÇOCUK AİLE BÜYÜKLERİYLE BİRLİKTE YATABİLİR Mİ?

Çocuğun büyükanne, büyükbabası ile birlikte yatmasında hiçbir mahzur yoktur...

Arada bir olmak kaydıyla aile büyükleri ile birlikte yatmak çocuğa fayda sağlar... Ancak, süreklilik durumunda çocuğun anne babası yerine aile büyüğüyle bağ kuracağı ihtimalinden dolayı pedagojik olarak doğru değildir. Çocuğun büyükanne ve büyükbabası ile bağı olmalı ancak en güçlü bağı, anne babası ile yaşamalıdır.

Bunula birlikte, 7 yaş sonrasında çocuğun bir birey olarak geliştireceği kişiliğe engel olacağı için de sürekli olarak birlikte yatmak sakıncalıdır.

Aile büyükleri çocuğun yanında birlikte yatma değil, "uyutma" amacıyla bulunabilir

Akraba da olsa karı koca aynı odada, aynı yatakta iken o odada bir çocuğun, kuzen ve yeğenlerin yatması doğru olmaz

Amca, dayı, teyze, hala ile birlikte yatmak cinsel kimlik gelişimi açısından sorun olmasa da gereksizdir. Normal şartlar altında çocuğun bu büyüklerle yatma ihtiyacının olmaması gerekir... Böylesi bir ihtiyaç oluşmuşsa çocuğun ebeveyn bağının zayıf olması ihtimali üzerinde durulmalıdır.

Enişte ya da yaşça büyük amca oğlu, dayı oğlu, teyze kızı, hala kızı gibi akrabalarla geçici de olsa yatmak doğru değildir... Bu, çocuğun geliştireceği kişilik auralarının örülmesine engel olacağı için de doğru olmaz.

Çocuk belki yaşı gereği gece yatısının özel bir yaşam alanı olduğunu henüz öğrenmemiş olabilir. Bir yandan çocuğun ısrarlı birlikte yatma talebine olumsuz cevap vermemek, çocuğu incitmemek, diğer yandan da aile dışındaki kişilerin özel yaşam alanı hakkı olduğu bilgisini vermek kolay olmayabilir. Öncelik, çocuğun kendini dışlanmışlık hissetmemesi olmak üzere, o gün idare edilerek geçirilse de, eğitim için bulunacak ilk fırsatta çocuğa "aile özel yaşam alanı" hakkında bilgi verilmeli. Akraba dahi olsalar, onların yatak odalarında yatmanın doğru bir davranış olmayacağı anlatılmalıdır.

Çocuk özlem duyduğu aile büyükleriyle birlikte uyumak istiyorsa, bunun "uyutma" şeklinde olması tercih edilmelidir

ÇOCUĞUN AKRABALARDA VEYA BİR ARKADAŞINDA YATILI KALMASINDA BİR MAHZUR VAR MI?

4 yaş öncesinde çocuğun başka bir ailenin yanında kalması tavsiye edilmez. Bu, mahremiyet açısından değil, çocuğun aile bağlarının sağlam kurulması açısından yanlış bir davranıştır. Anne babanın zorunlu yolculukları, hastalıkları gibi hallerde, çocuğun tamamen yatılı olarak bir yerlere bırakılması değil, en az bir ebeveynin çocukla aynı ortamda bulunması doğru olur. Hem anne hem babanın 4 yaş öncesi dönemdeki bir çocuğu bırakıp gitmesi doğru değildir.

Çocuk en erken 4 yaş sonrasında akraba yanında gece yatısına kalabilir. Bu kalış 7 yaş dönemine kadar 1 günü geçmemelidir.

Aile dışında bir yerde gece geçirmeye, ancak 7 yaş sonrasında ve bir günü geçmeyecek şekilde müsaade edilebilir. Çocuğun kalacağı yerde cinsel eğitim ve mahremiyet kurallarına uyulması birinci öncelik olmalıdır.

Kuzenlerin birlikte yatırılması, kendinden büyük kuzenlerle yalnız bırakılması doğru bir davranış değildir.

> Aile dışında bir yerde gece geçirmeye, ancak 7 yaş sonrasında ve 1 günü geçmeyecek şekilde müsaade edilebilir

TATİLLERDE, DÜĞÜN VE BAYRAMLARDA AİLE BİREYLERİNİN YER DARLIĞI NEDENİYLE AYNI ODADA KALMASINDA SAKINCA VAR MI?

Düğün, bayram, tatil gibi geniş aile üyelerinin bir arada olacağı zaman dilimlerinde çocukların bir arada, yetişkinlerin başka yerlerde yatması oldukça sakıncalıdır.

Yer darlığı sebebi ile tek bir oda içerisinde bir arada yatmak zorunda olan akranlar, kuzenler bir arada bulunurken, düğün, bayram ve etkinliğin oluşturduğu tesirle birbirlerine anormal davranışlarda bulunma, cinsel sınırlar dışına çıkma, şaka yollu da olsa birbirlerine kötü muamelede bulunma gibi zararlı davranışlara girişebilirler.

> Aynı odada yatmak gerektiğinde, anne babalar çocukları paylaşarak yatmalıdır

Geçici olarak dar mekânlarda kalmak zorunda olan ebeveynlerin çocuklarını paylaşarak geceyi geçirmeleri tavsiye olunur.

Eğer aynı odada ve yatakta yatma zorunluluğu varsa, anne babanın yan yana değil aralarına çocuklarını alarak yatması daha doğru olur...

ANNE BABANIN EVDE İÇ GİYİMLE BULUNMASINDA MAHZUR VAR MI?

Ebeveynin ev içerisinde iç giyimiyle dolaşması, hem kendi kişisel auraları açısından hem de çocukların geliştireceği auraların kazanımı açısından engelleyicidir...

Ebeveynin sadece iç giyimiyle ev içinde bulunması değil, aynı zamanda o ebeveynin resim, film, reklam gibi görsel materyaller üzerindeki çıplak beden, cinsellik içeren görüntülere ilgisi de önemlidir.

Çocuk ebeveynini cinsel kimliği üzerinden değil, kişiliği ile tanımalıdır. Ebeveynler, çocuklarında kendileriyle ilgili cinsel çağrışımlara yol olacak her durumdan uzak durmalıdır.

Çocuk ebeveynini cinsel kimliği üzerinden değil, kişiliği ile tanımalıdır

Çocuk ebeveyninin cinsel yaşamına kapı aralayan durumlarla karşılaşmamalıdır

Çocuk ebeveyninin cinsel yaşamına kapı aralayan durumlarla karşılaşmamalıdır. Bir erkeğin vücudunun yapılı olması, bir kadının bedenin düzgün durması, çocuk ile ebeveyn arasında cinsellik üzerinden konuşulacak bir konu olmamalıdır. Aksine çocuğa "herkesin bedeninin kendine özel olduğu" vurgusu yapılmalı, bir kişinin bedenini merak etmenin onun kişiliğine saygısızlık olacağı vurgulanmalıdır. Böylece çocuğun insan bedenini izlemesi, hayal etmesi, takip etmesi de erken yaştan itibaren önlenmiş olur.

İç giyimi ile evde dolaşan ebeveyn, aynı zamanda çocuğuna başka insanların iç giyimlerinin nasıl olduğu ile ilgili çağrışımlar vereceğini bilmelidir.

Ebeveynlerin ev içerisinde, kendi yaşam tarzları ve dünya görüşlerine uygun kıyafetlerle bulunmaları çocukların kişilik kazanması açısından daha doğru bir davranıştır.

Aile fertlerinin evin içinde de düzgün kıyafetlerle bulunması, çocukların cinsel gelişimine katkı sağlayacağı gibi, saygın bir kişilik oluşturmasında da etkendir.

Ev içinde bakımsız kıyafetlerle bulunmak, dışarı çıkarken bakımlı olmak, çocuğun kişilik edinimine olumsuz tesir eder...

Ev içinde bakımsız kıyafetlerle bulunmak, dışarı çıkarken bakımlı olmak, çocuğun kişilik edinimine olumsuz tesir eder

ZARURET DURUMUNDA ODANIN PARAVANLA AYRILMASI DOĞRU BİR ÇÖZÜM MÜ?

Hayır, değildir...

Cinsel eğitim süreci bir yönüyle de çocukta erken merak uyandırmama sürecidir. Çocuğun henüz cinsel gelişim döneminde olmadığı, kız erkek arasındaki farklılığı cinsellik üzerinden yorumlamaya başlamadığı 7 yaş öncesi dönemde, kardeşlerin birbirlerini görmemesi için paravan kullanmak cinsel gelişime katkı değil, birbirlerini merak edip paravan ardından izleme dürtüsü oluşturur...

7 yaş dönemi geçildiği halde aynı oda kullanılmak zorundaysa giyinme ve soyunma esnasında çocukların ayrı odalarda bulunması teşvik edilmelidir.

Özellikle aynı odayı kullanan farklı cinsiyetteki çocukların 7 yaş sonrasında paravanla ayrılmaya çalışılması, birbirlerine karşı merak duygusu ve vücutlarını görme isteği oluşturacaktır.

10 yaş sonrasında farklı cinsiyete sahip çocukların aynı odada bulunması halinde, şu öncelik sırası takip edilmelidir:

1. Giyinme ve soyunmada yalnız olunmalı.

2. Ayrı yataklarda yatılmalı.

3. Kişisel eşyalar net bir şekilde paylaşılmış olmalı.

4. Gecelik yerine pijama tercih edilmeli.

Cinsel eğitim süreci aynı zamanda çocukta erken merak uyandırmama sürecidir

ANNE BABANIN ODASININ KAPISI SÜREKLİ KAPALI MI OLMALI?

Anne babalar yatak odasının kapısını giyinme, soyunma ve özel anlar dışında açık tutmalıdır.

Çocuğa, 4 yaşından itibaren yatak odası kapısının kapalı olması halinde içerideki kişinin kıyafetini değiştiriyor olabileceği anlatılmalıdır. Aynı zamanda kendisi de üstünü değiştirirken kapısını kapatması gerektiğini öğrenmelidir. Böylece çocuk, bir odanın kapısını kapalı gördüğünde içerideki kişinin müsait olmadığının farkındalığına eriştirilmelidir.

Yine ebeveynler, çocuğa 4 yaşından itibaren, yatak odasının kapısı kapalı olduğu durumlarda kapıyı tıklatmayı ve içeriden davet gelmesini beklemeyi uygulamalı olarak göstermelidir.

Anne babanın odası, özel anlar dışında sürekli açık olmalıdır

Böylesi bir farkındalık eğitimi verilmiş olması şartıyla evdeki bütün yatak odalarının kapıları yarı açık bırakılmalıdır.

Ebeveynler gece kıyafetlerine dikkat etmeli, özel giysileri çocuğun görebileceği şekilde kullanmamalıdır

Kapısı kapalı tutulan odalar yaş dönemine bağlı olarak çocukta birtakım düşüncelere yol açar. Çocuğun yaşı küçükse kapalı bir kapının arkasında kaldığında kendini dışlanmış hisseder, ergenlik yıllarında ise anne babasına dair cinsel çağrışımlar söz konusu olabilir.

Ebeveynlerin özel anları için çocukların uyku saatlerini tercih etmeli, bu sayede çocuk ebeveyninin kapısının kapandığını fark etmemelidir.

Bununla birlikte gece kıyafetlerine de dikkat edilmeli, özel giysiler çocuğun görebileceği şekilde kullanılmamalıdır.

Çocuğun cinsel eğitimi başkasının özel yaşamını merak etmemesi esası üzerine kurulacağı gibi, çocuk aynı zamanda anne babasının gardırobundaki kıyafetlerin de kendilerine özel olduğu bilincine eriştirilmelidir. Bilhassa iç çamaşırları çocuğun erişebileceği yakınlıkta bulunmamalıdır. Anne babalar kendi giysilerinin çamaşır sepetine konulmasından yıkanıp kurutulmasına varıncaya kadar özenli davranmalıdır. Temiz de olsa yetişkin erkek çocuk ve babanın çamaşırları ile yetişkin kız çocuk ile annenin çamaşırları hiçbir şekilde ortaklaşa kullanmamalıdır.

Temiz de olsa yetişkin erkek çocuk ve babanın çamaşırları ile yetişkin kız çocuk ile annenin çamaşırları hiçbir şekilde ortaklaşa kullanmamalıdır

ÇOCUĞUN ANNE BABASININ SEVGİ İFADE EDEN DAVRANIŞLARINI GÖRMESİNDE BİR MAHZUR VAR MI?

Hayır, yoktur...

Cinsel içerikli olmamak şartıyla çocuğun anne babasının sevgi ve şefkat içerikli davranışlarını görmesinde hiçbir sorun yoktur; aksine bu çocuk için faydalıdır.

Çocuk, anne babasının birbirini sevdiğini gördükçe mutlu olur. Vedalaşırken yanaktan öpüşmek, eve gelince kucaklaşmak, yan yana otururken el ele tutuşmak, birbirlerine sevgi sözcükleriyle hitap etmek çocuğun beslenmesini sağlar...

Anne babaların kendi aralarında sevgi içerikli davranışlar sergilemesinin çocuklar için faydası vardır

Ancak, "cinsel içerikli" ve "cinsel his içerikli" davranışların çocuğun yanında gerçekleşmesi yanlıştır.

Örneğin anne babanın vedalaşırken birbirlerini öpmesinde bir sorun olmadığı halde, bu davranışın cinsel his içererek gerçekleşmesi çocuk açısından sakıncalıdır. "Çocuktur, anlamaz" düşüncesi yanlıştır. Böylesi bir durum sadece çocuk açısından değil, kendi çocuğunun yanında cinsel içerikli hisler taşımanın ebeveyne vereceği sakınca açısından da normal değildir.

Bunun gibi, anne babanın birbirine sevgi ve şefkatle bakması çocuğu mutlu ederken, bu bakışın cinsel hisle olmasından kaçınılmalıdır. Çocuk anne babasının mimiklerini her zaman sevgi ve şefkat hissiyle tanımalı, onları cinsel his içeren bir simayla görmemelidir.

ÇOCUĞUN ANNE BABASINI ÖZEL YAŞAMLARINDA GÖRMESİ DURUMUNDA NE YAPILMALI?

Ebeveynler uygunsuz bir vaziyette çocuklarına yakalandıklarında, mümkün olduğunca soğukkanlı bir şekilde çocuğun odadan çıkmasını isteyerek travmaya sebep olmamalıdırlar. Böyle bir durumda bağırmak, panik yapmak, çığlık atmak, çocuğa tepki vermek, çocuğun zihninde iz bırakmak anlamına gelir.

Ergenlik öncesi dönemdeki çocuk böyle bir durumla karşılaştığında, o henüz ne olduğunu dahi anlamamışken büyük tepki görmek, çocuğun karşılaştığı olayla ilgili içsel sorunlar üretmesine, ne olduğunu anlamak için çaba sarf etmesine neden olacaktır. Ortaya konulacak soğukkanlı tavır, karşılaşılan durumun zihinde iz bırakma ihtimalini de azaltacaktır.

İstenmeyen durumlarla karşılaşıldığında ani tepkiler vermek, olayın kalıcı izler bırakmasına sebep olur

Çocuk, ergenlik ve sonrası dönemde ise yine mümkün olduğunca soğukkanlı bir tavır sergilenmelidir. Çocuğun utanma ve mahcubiyet içinde odadan çıkışına müdahale edilmemelidir. Oda hemen terk edilip çocuğun yanına gidilmemelidir. Çocuğun biraz yalnız kalmasına, biraz dışarı çıkıp dolaşmasına, odasına çekilip uyumak istemesine karışılmamalıdır. Yaşadığı şaşkınlığı kendi içsel yönelişiyle atlatmasına izin verilmelidir. Çocuğun ertesi günlerde anne babası ile konuşmak istememesi anlayışla karşılanmalı, üstüne gidilmemeli, bu konu hakkında konuşmaya çalışılmamalıdır.

Çocuğun utanma ve mahcubiyet içinde odadan çıkışına müdahale edilmemelidir

Ne çocuk suçlanmalı, ne de ebeveynler suçlu gibi davranmalıdır. Çocuk bir müddet ebeveyniyle konuşmasa da anne babalar iletişimi azaltmış bir halde konuşmalarına devam etmeli, güncel yaşamı sürdürmelidir...

Anne baba çocuğa bir şey izah etme zorunluluğu hissetmemelidir.

Hayata ne kadar değiştirilmeden devam edilirse olayın bıraktığı iz o kadar az olur.

Çocuk ebeveynlerini uygunsuz vaziyette gördüğünde ne ebeveynler suçlu gibi davranmalı, ne de çocuk suçlanmalıdır

ÇOCUĞUN ANNE BABASININ ÖZEL EŞYALARINI BULMASI DURUMUNDA NASIL DAVRANILMALI?

Ebeveynlerin kendi kişisel eşyaları ortalık yerde bulunmamalı, çocuk anne babasının kullandığı hiçbir malzeme ile cinsellik arasında bağ kurmamalıdır.

Ergenlik öncesindeki çocuğun, annesinin hijyen malzemesini görmesi durumunda ne olduğunu sorduğunda, onun "vücut temizliğinde kullanılan bir gereç" olduğu söylenebilir. Ardından başka sorular gelirse kız çocuklarına çok ayrıntıya girmeden açıklama yapılabilir. Çocuk erkek ise "bunun annesine ait, özel bir malzeme" olduğu söylenip konu kapatılmalıdır.

Özel eşyaları merak eden çocuğa ayrıntıya girilmeden cevap verilmelidir

Ebeveynlerin korunma araçlarına rastlanılması durumunda ise ayrıntıya girmeden sadece o gerecin sağlıkla ilgili, özel bir tıbbi malzeme olduğu söylenmelidir.

Çocuk bu gereçleri oyuncak olarak kullanmak istediğinde, özel eşyaların oyun aracı olarak kullanılmayacağı hatırlatılır.

Ergenlik dönemindeki çocuklar, böylesi malzemelerin neye yaradığını bilmeseler de tahmin ettiklerinden dolayı sormaya çekinirler... ya da zaten bildikleri için sormazlar... Çocuğun sormaya çekinmesi ebeveynin rahat davranmasını gerektirmez...

ANAOKULUNDA TUVALET KAPILARININ AÇIK OLMASI DOĞRU MU?

Yanlıştır...

Bazı eğitimciler anaokullarında tuvalet kapılarının açık olmasının, çocukların karşı cinse dair merak duygusunu gidereceğini düşünürler.

Halbuki tuvalet özel alan; tuvalet ihtiyacı yalnız giderilmesi gereken bir ihtiyaçtır.

Tuvalet kapısının açık olması, kapı önündeki kişilerin çocuğu görmesi cinsel gelişime zarar verir.

Farklı cinsiyetteki çocukların cinsel uzuvlarını görmek merak duygusunu gidermez, şaşkınlığa sebep olur. Çocuk, bu farklılığın peşine düşer; daha yakından görmeye, farklılığı anlamaya gayret eder...

Hatta, kız-erkek cinsiyetlerindeki farklılığı kendi kardeşleri, anne babası üzerinden de yorumlamaya çalışır... sorgulamaları artar...

Ayrıca, bir çocuğun merak duygusu giderilsin diye başka bir çocuğun cinsel organının görülmesi, görünen çocuğun istismarıdır...

Çocuk tuvalet ihtiyacını yalnız giderirken kişilik sınırlarını da öğrenmekte, tuvalette yalnız kalınması gerektiği prensibini edinerek tacizden korunmak üzere bilinç kazanmaktadır.

Tuvalet özel alandır, kapısı kapalı olmalıdır; bu anaokulu da olsa böyledir

OKUL ÖNCESİ KURUMLARDA KİRLENEN ÇOCUK KIYAFETLERİ VE ÇAMAŞIRLARI SINIF İÇİNDE DEĞİŞTİRİLEBİLİR Mİ?

Bir çocuğun herhangi bir sebeple altını ıslattığı ya da çok terlediği için çamaşırlarının sınıfta değiştirilmesi doğru değildir...

Çocuğun bedeni kendine aittir ve o bedene saygılı davranılması gerekir... Üstü değiştirilmesi gereken çocuk, kendini korunaklı hissedeceği kapalı bir odaya davet edilmeli ve kendi kıyafetini kendisinin değiştirebilmesi için fırsat tanınmalıdır...

Bu oda, camları açık veya dışarıdan görünebilen bir yer olmamalıdır. Bunlar çocuğun kişilik auralarının oluşması için gereklidir.

Kıyafetler herkesin içinde değiştirilmemelidir

Çocuk henüz kıyafetini değiştirebilecek beceriye sahip değilse yardımcı olunmalı, ancak çocuğun giysilerini nasıl değiştirebileceği adım adım öğretilmelidir.

Okul öncesi kurumlarda uyku saati için bütün çocuklara aynı ortamda pijama giydirmek doğru değildir. Aynı zamanda bu işin aceleyle yapılması da yanlıştır. Çocuğu duygusuz bir eşya gibi görüp bedenine aceleyle ve özensizce davranmak doğru olmaz...

OKUL ÖNCESİ DÖNEMDE ÇOCUKLARIN BİRBİRLERİNİN CİNSEL ORGANLARINA DOKUNMASI, EL ŞAKASI YAPMASI CİDDİ BİR SORUN MU?

Okul öncesi dönemde çocuksu merak sınırsızdır, her şey çocuğun oyun aracıdır... İğneden ipliğe, bıçaktan ateşe her şey, çocukta merak uyandırır. Bu dönemde çocuklar birbirlerinin pantolonunu indirmeyi, arkadaşını kızdırmayı, kendi pantolonunu indirip başkasına göstermeyi marifet zannederler. Çocuğun çocukla yaptığı bu tür davranışlar ne cinsel amaçlıdır, ne de taciz...

Çocuk arkadaşından gördüğü, herkesin güldüğü bir davranışı kendi de yapmaktan keyif alır... Okul öncesi kurumlarda çocukların birbirlerinin cinsel organlarına dokunması, birbirlerini öpmesi büyük mahzurlar oluşturacak davranışlar değildir. Eğitimle giderilebilecek, çocuğun bir başkasının bedenine dokunmasının doğru olmayacağını öğrenmesi gerektiren "eğitsel onarım bekleyen" davranışlardır bunlar...

Çocuksu merak taciz değildir

Böyle bir durumla karşılaşılması halinde olayı büyütmek, çocuğu korkutmak, tehdit etmek o ana ait olumsuz iz bırakacağından, davranışın kendisinden daha sakıncalıdır...

Bununla birlikte bilinmelidir ki; cinsel his içermeyen dokunuşlar, çocuklarda mahremiyet eğitimine zarar vermez.

BİR GRUP ÇOCUĞA TOPLUCA CİNSEL EĞİTİM VERMEK DOĞRU OLUR MU?

Nerede olursa olsun bir grup çocuğa aynı ortamda cinsel eğitim vermek doğru değildir.

Zira aynı yaşta olsalar da her çocuğun ihtiyaç duyduğu cinsel bilgi farklıdır. Kimi çocuk için cinsellik hiç duymadığı bir konudur, kimisine göre ise ayrıntıyı meraktır. Kimisi bir konuyu duyduğunda kıpkırmızı olur, kimisinin hoşuna gider, güler... Birbirinden farklı aile yapısına sahip çocukları bir araya toplayıp cinsel eğitim vermek bazı çocukları utandırır, bazılarını meraklandırır...

Cinsel eğitim topluca değil, birebir verilmelidir

Kaldı ki insan yaşamına ait en özel duygu hakkında konuşurken özenli bir dil ve ortam gerekir. Kalabalık içinde çocuk ihtiyaç duyduğu bilgiye gerçekçi sorularla yönelemez...

Bundandır ki cinsel eğitimin birebir gerçekleşmesi ve her çocuğa özel olan bilgilerin özenle paylaşılması önemlidir...

Çocuk için bir ihtiyaç haline gelmeden gerçekleşen cinsel bilgilendirmelerin, bazı çocukları kontrolsüz bir meraka yönelttiği gibi, bazılarını da bu konuları en sevdiği yetişkinler üzerinden düşünerek hayal kırıklığına uğratabileceği unutulmamalıdır...

ÇOCUĞA KARDEŞİNİN OLACAĞI NE ZAMAN SÖYLENMELİ?

10 yaş öncesi çocuklara kardeşinin olacağı haberinin annenin vücudundaki değişikliğin dışarıdan fark edilir hale gelmesinden önce söylenmemesi pedagojik olarak uygundur. Bu, yaklaşık olarak hamileliğin 7-8. aylarına denk gelir.

Hamileliğin hemen haber verilmemesinin birkaç nedeni vardır.

Çocuk kıskanç olmasa da bir kardeşinin olacağını erken haber aldığında, anne babasının her yanlış davranışını kardeşi üzerinden yorumlayabilir... Artık anne babasının kendisini sevmeyeceğini... kardeşi olacağı için kendisine kötü davranıldığını... hep kardeşi hakkında konuşulduğunu zannedebilir.

Çocuğun kardeşinin olacağını erken haber alması, kardeş kıskançlığına sebep olabilir

Çocuk bir kardeş haberi aldığında belki anne babasının sevincine eşlik eder, ancak bu mutluluğu dokuz ay boyunca kaygıya dönüştürmeden sabit tutması oldukça zordur...

Kardeş sevincini yaşamak için 9 ay boyunca beklemek çocuk için uzun bir zamandır

Ayrıca kardeş sevincini yaşamak için 9 ay boyunca beklemek de çocuk için uzun bir zamandır... Bu süre içinde "ne zaman kardeşim olacak... neden önce doğmuyor... nasıl doğacak..." gibi her geçen gün cevabı zorlaşan sorular sormaya başlayabilir.

Çocuğun duygularını yönetmesini kolaylaştırmak ve kardeşini daha kısa bir zaman zarfında kucağına vermek için 7. ay sonrasını beklemek daha uygundur...

Ayrıca her gebelik doğumla sonuçlanmayabileceği için, bebeğin anne karnında kaybı gibi beklenmedik sorunlar çocukta travma etkisi oluşturabilir.

Bununla birlikte çocuğun kardeşinin olacağını çevreden duyma ihtimali varsa bu kadar beklememek daha uygun olur. Çocuğun, anne babasının haricinde birilerinden kardeşinin olacağını duyması ebeveynine olan güvenini sarsar.

10 yaşının üzerindeki çocuklara kardeş haberi geciktirilmeden verilmeli, çocuğun anne babanın sevincini aynı anda paylaşması sağlanmalıdır.

Kardeş haberi çocuğa rastgele bir zamanda değil, anne babanın birlikte olduğu ve hep beraber sadece o kardeş haberinin konuşulabileceği özel bir anda söylenmelidir. Televizyon izlerken, oyun oynarken, parkta eğlenirken... gibi dikkatlerin başka yerlerde olduğu anlarda böyle bir haber verilmez.

Haberin mütebessim ve sevecen bir yüz ifadesiyle aktarılması gerekir... Bu haber, "Biliyor musun senin bir kardeşin olacak" cümle kalıbı ile paylaşılabilir...

Çocuğun, anne babasının haricinde birilerinden kardeşinin olacağını duyması ebeveynine olan güvenini sarsar

SORUNLU VEYA ZOR GEÇEN HAMİLELİKLERDE NASIL BİR YOL İZLENMELİ?

Annenin doğum öncesinde yaşadığı zorluk ve sıkıntıların kaynağının hamilelik olduğu çocuğa hissettirilmemelidir... Çünkü çocuk, kardeşini annesinin yaşadığı sorunların kaynağı olarak düşünebilir ve böylece daha doğmadan ona karşı olumsuz duygular besleyebilir...

Bunun haricinde, özellikle kendini anne ile özdeşleştiren kız çocukları, annenin yaşadığı hamilelik sorunlarını kendisinin de yaşayacağını düşünerek bilinçaltında bir kaygı tohumu ekebilirler...

Hamilelikte yaşanan sıkıntıların doğacak kardeşle ilgili olduğu izlenimi uyandırılmamalıdır

Bu sebeple de yaşanan sıkıntıların mümkün olduğunca hamilelik ve kardeş ile ilişkilendirilmemesi gerekir.

Annenin başkalarıyla konuşurken dahi hamilelikten şikâyet eder vaziyette olmaması, çocukların onu her an duyabileceğinin göz önünde bulundurması oldukça önemlidir.

İstenmeyen bir gebelik söz konusu ise mutsuzluk da istememe hali de asla çocuğa hissettirilmemelidir.

"BEN NASIL DOĞDUM?" DİYE SORAN ÇOCUĞA NASIL CEVAP VERİLMELİ?

Ergenlik öncesinde çocuklar anne karnındaki bebeğin nasıl doğacağını merak ederler. Bu son derece normal bir meraktır.

Böylesi bir soruyla karşılaşan ebeveynlerin çocuğa doğumun detaylarını anlatmasına gerek yoktur. Çocuğun bunu sorması, doğuma dair bütün ayrıntıları öğrenmeye yönelik bir çaba değil; kardeşinin kapalı bir ortamdan çıkmasının mümkün olup olmadığına dair merak ifadesidir...

Çocuğa doğumun ayrıntısı değil, genel bilgiler verilmelidir

Doğumun detaylarına girmeden, hastanede doktor yardımıyla gerçekleşeceği anlatılabilir. "Dokuz ay dolduğunda kardeşinin bütün vücut organları tamamlanmış olacak... Sonra hastaneye gidilecek..." diye anlatılabilir.

Bazı çocuklar için bu cevap yeterli olurken bazıları "Doktorlar senin karnını mı kesecek? Acımayacak mı?" gibi meraklı sorular sormaya devam ederler...

Bu sorulara da ayrıntıya girmeden, "Belki biraz acır ama kardeşinin mutluluğu her şeye değer..." diye cevap verilebilir...

"BEN NEDEN BABAMA BENZİYORUM?" DİYE SORAN ÇOCUĞA NASIL CEVAP VERİLMELİ?

Çocuk, annesinin karnından dünyaya geldiği için kendisinin annesine benzemesini anlayabilir, ancak babasına neden benzediğini anlamak kolay değildir... Bundan dolayı birçok çocuk "Ben babama neden benziyorum?" diye sorabilir.

Çocuğun bu sorusuna bilimsel cevaplar vermek oldukça yersizdir... Ne genetik yapıdan ne hücrelerden bahsetmek gerekir... Çocuk bu soruya yalın ve anlaşılır bir cevap bekler... Örneğin çok sade bir cevap olan, "Çünkü ben babanı çok seviyorum, sen de ondan babana benziyorsun" denilebilir...

Çocuk derin ve felsefi cevaplardan değil, kolay anlaşılan sıradan cevaplardan hoşlanır

Çocuğa anne babasından birine benzemek bir üstünlük olarak tanıtılmamalıdır... Erkek çocuk babasına benzemekten hoşlansa da, annesinin özelliklerinden de bahsetmek, kız çocukların babaya benzeyen yanlarından da söz etmek çocuğa aile bütünlüğünün keyfini yaşatmak için iyi bir fırsattır.

ABLANIN VEYA ABİNİN BEBEĞİN EMZİRİLMESİNİ GÖRMESİNDE SORUN VAR MI?

Anneden süt emme anı, hem anne hem de çocuğun birbirlerine bağlanma ve konsantrasyonunun oluşması bakımından çok özel bir andır.

Emzirme anının bir başkası tarafından seyredilmesi hem annenin hem de bebeğin birbirlerine yoğunlaşmasına engel olur... Bu kişi, annenin diğer çocuğu olsa dahi böyledir... Ayrıca, 4 yaşından büyük bir çocuğun annenin göğsünü görmesi çocuğu şaşırtır; anne göğsüne yönelmesine, dokunma ve emme isteğinin oluşmasına yol açabilir...

Emzirmenin ayrı bir odada, sessiz bir ortamda, vücut ısısı ayarında bir sıcaklıkta gerçekleşmesi duygusal yakınlığı artırır. Mecbur kalınmadıkça kalabalık içinde, televizyon, radyo, internet ve müzik çalınan ortamlarda çocuk emzirilmemelidir.

Çocuk emerken duygularını bir hat üzerinde tutar. Zihnini kontrol edebileceği gücü annesinin gözüne bakarken ve eş duyum yaşarken aldığı için, emme anında duygu kontrolü ve dikkat toplama egzersizi yapar gibidir... Çevresel faktörler nedeniyle emmeye odaklanamaması, dikkat ve konsantrasyonla ilgili kazanımlara ket vurur.

Emme halini çok merak eden 6 yaşından küçük çocuklar birkaç defa emzirme örtüsü altından kardeşinin yüzünü seyredebilir...

Emzirmeyi seyretmek, emen çocuğun dikkatini dağıtır

"KARDEŞİMİN NEDEN PİPİSİ YOK" SORUSUNA NASIL CEVAP VERİLMELİDİR?

Bir erkek çocuk kız kardeşinin fizyolojik yapısının farklı olduğunu gördüğünde şaşkınlık yaşayabilir... ya da bir kız çocuğu kardeşinin fiziğinin kendisinden farklı olmasına şaşırabilir, hatta bundan korkabilir...

Çocuklar şaşkınlıklarını doğrudan dile getirmekten çekinmezler... "Neden kardeşimin pipisi yok?" veya "Kardeşimin orasına ne olmuş?" gibi soruları çocuklardan çok sık duyarız.

Çocuğun bu türden soruları karşısında kızmak ya da "yaşın daha küçük" demek doğru değildir... Çocuk çok masum bir şekilde şaşkınlığını ifade ediyorsa, anne baba da ona soğukkanlıca cevap vermelidir; "Kızların pipisi olmaz, çünkü onların bedenleri yaratılış gereği böyledir... Bu ne eksikliktir ne anormal bir şey... Kızlar öyle erkekler de böyle..." denilebilir.

Ebeveynler karşı cinsten kardeşlerinin fiziksel özelliğini fark eden çocuğa samimi ve içten cevap vererek çocuğun şaşkınlığının meraka dönüşmesinin önüne geçmelidirler.

Çocuğun sorularına meraklı bir şekilde devam etmesi, durumu anne ve babası üzerinden somutlaştırmaya çalışması halinde, "Başka insanların bedenleri üzerinde konuşmak doğru olmaz..." denilebilir...

Unutmamak gerekir ki, çocuğun merak ettiği her şey gelişim sürecine uygun olmayabilir...

Ebeveynler çocukların karşı cinsten kardeşlerinin bedenlerini fark ettiklerinde sordukları sorulara samimice cevap vererek şaşkınlığın meraka dönüşmesinin önüne geçmelidir

SÜTTEN YENİ KESİLEN ÇOCUĞUN ANNE GÖĞSÜNE DOKUNUP ÖPMEK İSTEMESİ NORMAL Mİ?

Evet... Gayet normaldir...

Her acıktığında yöneldiği anne göğsünün artık erişilmez olması çocuğu mahzunlaştırır.

Sütten yeni ayrıldığı dönemde çocuk, kendine ait olan fakat şimdi erişemediği anne göğsüne dokunmaya, onu öpmeye, ellemeye ihtiyaç duyar. Bu davranışlar, emme döneminin sonuna işaret eder. Çocuk ile anne arasındaki bağlanmanın sonlanmasının emareleridir...

Özellikle duygusal zekâsı yüksek çocuklar, bu dönemde hisli ve mutsuzdurlar... Böylesi durumlarda çocuğu anne göğsünden tamamen koparmak değil, ona dokunabileceği yakınlıkta durmak, yatarken teninin sıcaklığını tenine hissettirmek, anne çocuk bağını zedelemeden ayrılmayı kolaylaştırır...

Sağlıklı bir emme süreci anne göğsüne dokunarak son bulur

Çocuk bu dönemde kesin tavır ile engellenmemeli, bu içsel yönelişlere izin vermelidir. Bununla birlikte çocuğun bu yönelişi 3 yaşından önce son bulmalıdır...

Çocuk, anne göğsüne dokunabildiği kadar rahatlar. Sütten kesme süreci emerek değil, dokunarak son bulur.

ÇOCUKLARIN KADIN-ERKEK TUVALETLERİNDEN HANGİSİNE GİRECEĞİNE KAÇ YAŞINDAN İTİBAREN DİKKAT EDİLMELİ?

Çocukta 4 yaşında cinsiyet farkındalığı gelişir. Bu yaştan itibaren çocuk cinselliğin ne olduğunu bilmese de artık kendini cinsel kimliği ile tanımlamaktan keyif alır...

Çocuğun 4 yaşından itibaren kendi cinsiyetine ait tuvaleti kullanması, cinsel kimlik kazanımına yardımcı olur.

Erkek çocuğun 4 yaşından sonra annesiyle birlikte kadınlar tuvaletine girmesi sorun olmasa da tercih edilecek bir davranış değildir. Yine aynı şekilde 4 yaşından büyük bir kız çocuğunun babasıyla birlikte erkekler tuvaletine girmesi sorun olmasa da tercih edilmez.

Çocuklar 6 yaşından sonra kendi cinsiyetlerine ait tuvaletleri kullanmalıdır.

4 yaşından itibaren çocuğun kendi cinsiyetine ait tuvaleti kullanması cinsel kimlik kazanımına katkı sağlar

ERKEK ÇOCUKLARIN SÜNNET YAŞI KAÇ OLMALI?

Sünnet için en ideal yaş, doğumdan itibaren geçecek ilk 3 aydır... Erken sünnet, iyileşmeyi kolaylaştırdığı gibi çocuğun acıyı olabilecek en az düzeyde hissetmesini sağlayacaktır... Çocuğun ilk aylarda sünnet edilmesi kendi idrarının tedavi edici özelliğinden faydalanmak açısından da idealdir. Erken sünnet, sünnet sırasında oluşacak olumsuzlukların psikolojik etkisini de en aza indirmiş olur.

Eğer bu mümkün değilse, 3 yaşa kadar çocuğun sünnetinin tamamlanmış olması gerekir. Çünkü çocukta 3,5 yaşından sonra bir bellek yitimi gerçekleşecek ve geçmişte kalan olumsuz hatıralar silinecektir. Aynı zamanda çocuk, 3 yaşından sonra neyin neden olduğu ile ilgili sorgulamalara başlayacağı ve sünneti dinî ve kültürel olarak anlamlandıramayacağı için de sünnet 3 yaş sonrasına bırakılmamalıdır.

Sünnet için en ideal zaman, çocuğun doğduğu andan itibaren geçecek ilk 3 aydır

3 ile 6 yaş arasında çocuğun kendi vücuduna dair hassasiyeti ve acıya karşı duyarlılığı fazladır

3 ile 6 yaş arasında çocuğun kendi vücuduna dair hassasiyeti ve acıya karşı duyarlılığı fazladır. Hayatla ilgili sorgulamaları üst düzeydedir. Sünnetin gerekliliğini anlamlandıramayacağı için, anne babasına, "Bana neden böyle bir şey yaptınız!" diye içsel direniş sergiler... Bu dönemde çocuğun zihninde olumsuzluklar kolay oluşabileceği için sünnet yaşı 6'ya ertelenebilir...

Ancak zaruret durumunda veya tıbbi olarak ertelenmesinin sakıncalı olacağı hallerde 3-6 yaş arasında da genel anestezi ile sünnet yapılabilir.

Önemli bir husus da sünnetin çocuğa haber verilmeden yapılmaması gerekliliğidir. Başka bir ameliyat için yapılan anestezi esnasında çocuğa söylemeden sünnet işlemini de yaptırmak travmatik sonuçlara yol açabilir...

6 yaş sonrası çocuklarda da lokal değil, genel anestezi tercih edilmelidir.

Başka bir ameliyat için yapılan anestezi esnasında çocuğa söylemeden sünnet işlemini de yaptırmak travmatik sonuçlara yol açabilir

SÜNNET MERASİMLERİ PEDAGOJİK OLARAK DOĞRU MU?

Her ne kadar kültürel bir gelenek olsa da, sünnet düğünlerinin çocuğa pedagojik bir katkısı yoktur...

Çocuğun sadece bir figüran olarak bulunduğu, tanımadığı kalabalıkların ortasında kalması... geçirdiği bir operasyona geçmiş olsun dileği iletmek yerine eğlence yapılması ona anlamlandırılması zor bir ruh hali yaşatır... Kendisi açısından kaygı ve korku içeren bir olay karşısında insanların sevinç tepkileri sergilemesi çocuk için pedagojik bir karmaşadır...

Sünnet merasimlerinin çocuğa pedagojik bir katkısı yoktur

Bunun yanı sıra sadece erkek çocukları için düzenlenen böylesi özel ve gösterişli bir ortam çocuğun bilinçaltında erkek cinsiyetinin önemine dair izler oluşturacaktır...

Sünnet düğünü ailedeki kız çocuklarında dışlanmışlık hissi uyandırır

Sünnet düğünü sadece erkek çocuğun kafasını karıştırmaz, aynı zamanda ailedeki kız çocuklarında da dışlanmışlık hissi uyandırır...

Kız kardeşlerin de bulunduğu evlerde erkek çocuğa bu denli ilgi gösterilmesi, takılar, paralar ve hediyeler verilmesi kız çocuğunun dışlanmışlık hissetmesine sebep olur.

Sünnette doğru olan abartıya kaçmamaktır... Çocuğa sünnet için rahat bir kıyafet almak, hatıra için fotoğraf çekmek, yatak odasının kalabalıktan uzak ve rahat olması, sünnet sonrası "geçmiş olsun" ziyaretlerini kabul etmek en doğru olanıdır...

Çocuğun başkalarının eğlencesi için araç haline dönüştürülmemesi gerekir. Sünneti erkek olmakla, büyümüş olmakla ilişkilendirmek doğru değildir. Sünnet olmanın sağlık açısından faydaları üzerinde durulabilir. Henüz din konusunda yeterli bir kavrayışı olmayan çocuğa, sünneti dinî bir şart olarak anlatmak çocuğun dine karşı önyargı oluşturmasına yol açabilir.

Bunun yanı sıra sünnet düğünlerinin güzelliğinin çocuklar için bir özenti, kıyas, kendi düğününün başka düğünlerden güzel, eğlenceli olmaması durumunda üzüntü ve mutsuzluğa yol açacağı da unutulmamalıdır...

Sünneti erkek olmakla ilişkilendirmek doğru değildir. Çocuk sünnet olsa da erkektir, olmasa da

ÇOCUKLARI GIDIKLAYARAK, SIKIŞTIRARAK, ISIRARAK SEVMENİN SAKINCASI VAR MI?

Çocuk cinsel bölgelerinden sevilmez, okşanmaz, öpülmez. Bunların hepsi çocuğun gelişimini aksatan, kişilik auralarının oluşumunu engelleyen davranışlardır.

Ayrıca çocuğu sıkıştırmak, üzerine abanmak, nefes vererek ya da yalayarak öpmek, rahatsız edecek şekilde gıdıklamak son derece yanlış davranışlardır. Bu davranışlar yetişkini mutlu etse de, çocuğun herhangi bir ihtiyacını gidermez.

Yetişkinler çocuklarını severken kendi duygularını değil, çocuğun ihtiyaçlarını dikkate almalıdır. Çocuk, yetişkinin haz aracı değildir...

Ebeveyn ve çocuk arasındaki sevgi ilişkisi çocuğun kendine duyulan saygıyı hissedeceği nitelikte olmalıdır...

Çocuk saygıyı oyunda kazanır

İstemediği halde çocuğu sevmeye çalışmak; vücuduna müdahalede bulunmak; şaka yollu dahi olsa pantolonunu indirmek; pipisini, poposunu, dudaklarını öpmek... Erkek çocukları "hadi göster" diyerek cinsel organını göstermeye teşvik etmek, hem çocuğun cinsel gelişimine zarar verir hem de kişiliğinin yanlış şekillenmesine neden olur... Bu şekilde sevilen çocuklar nezaket ve zarafet kazanmak yerine kaba davranışları ve maço hareketleri marifet zannederler... Bu çocukların, sevmeyi duyumsama olarak değil, saldırganlık biçiminde ifade etmeyi öğrenecekleri için, kendi eş ve çocuklarına da benzer şekilde davranmaları muhtemeldir.

ÇOCUĞU İSTEMEDİĞİ HALDE SEVMEYE ÇALIŞMANIN SAKINCASI VAR MI?

Evet...

Çocuk- yetişkin ilişkisinde gelişim sürecini sürdüren kişi çocuktur.

Gelişim, ihtiyaçların giderilmesi ile devam eder...

Sevmek ve sevilmek bir ihtiyaçtır... Bu ihtiyaç oluştuğunda ve ebeveyninden beklediği karşılığı bulduğunda çocuk kendini iyi hissedecek ve duygusal gelişimi devam edecektir. Ancak, çocukta böyle bir ihtiyaç oluşmadan, ebeveyn sadece kendi içinden geldiği için oyun oynayan, uyuyan, yemek yiyen çocuğa yönelirse, onu zorla sevmeye, öpmeye kalkarsa bu doğru bir davranış olmaz...

Duygusal ihtiyacını karşılayan çocuğun ebeveynin yanından ayrılma isteğine saygı duyulmalıdır

Çocuğa onun ihtiyacı olmadan yönelmek ve ihtiyacı olmayan şeyleri sunmaya çalışmak, hem çocukta bağımlılık oluşturur hem de duygusal gelişime olumsuz tesir eder.

Bazı yetişkinler çocuğu sevmek için, "Bana bir öpücük verirsen sana çikolata alacağım" ya da "Kucağıma oturursan sana şu oyuncağı vereceğim" gibi çocuğun reddedemeyeceği teklifler sunarak onun iç dirençlerini kırarlar ki, böylesi bir tutum "son derece yanlış"tır.

> Çocuk, eğer bir yetişkini öpmek, sevmek ve onun kucağına oturmak istemiyorsa, bunu yapabilecek özgürlüğe sahip olmalıdır

Çocuk, eğer bir yetişkini öpmek, sevmek ve onun kucağına oturmak istemiyorsa, bunu yapabilecek özgürlüğe sahip olmalı... "Hayır istemiyorum" dediğinde bu reddediş, gücüne zarar vermemelidir. Çocuk için bir yetişkini reddetmek oldukça önemli bir duygusal kazanımdır... Kendinden güçlü bir kişiyi reddetmek, ona minnet etmemek, kendine güvenin dışa yansıyan kısmıdır... Böylesi bir tavır sergileyen çocuğu yetişkin, ne bakışları ne mimikleri ne de "Ama o zaman üzülürüm.." gibi duygusal baskı yapan sözleriyle kararından vazgeçirmemelidir. Çünkü bu kararlılık hali ilerleyen yaşlarda çocuğun iradesinin temelini oluşturacak... Çocuk iradesinden aldığı güçle hayatta daha güçlü olacaktır...

Unutmamak gerek ki, çocuk tacizlerinde çocuğun direnci ona sunulan cazip şeylerin tesiriyle kırılmaktadır...

Çocuğun ebeveyniyle sevgi ilişkisinde esas olan, çocuğun ihtiyacının karşılanmasıdır... Çocuk sevgiye ihtiyaç duyduğunu hissettiğinde (yetişkinin yanına sokuluyor, sevgi sözcükleri bekliyor, tensel temas istiyorsa) ebeveyni bu ihtiyacı karşılamalı... Duygusal ihtiyacı karşılandıktan sonra ebeveynin yanından ayrılmak istediğinde de ona saygı gösterilmelidir.

Çocuk duygusal olarak doyumsadığı halde, ebeveynin, çocuğa doyamadığı için onu bırakmaması, sevmeye devam etmesi pedagojik olarak doğru değildir...

Çocuk duygusal olarak doyumsadığı halde, ebeveynin, çocuğa doyamadığı için onu bırakmaması, sevmeye devam etmesi pedagojik olarak doğru değildir

ÇOCUĞA "SENİ OĞLUMA ALACAĞIM" DİYEREK ŞAKA YAPMANIN SAKINCASI VAR MI?

Hangi yaş döneminde olursa olsun, kız ya da erkek çocuğa, "Seni evlendireceğim, seni kızıma/oğluma alacağım" demek (şaka maksadıyla da olsa) yanlıştır.

Çocuğun gelişimi özgür duygular yaşadıkça gerçekleşir... Çocuk, ihtiyaç duyduğu sevgiyi anne babasından rahatlıkla giderebilir, ergenlik dönemine kadar başka bir "duygusal yakın bağ"a ihtiyacı yoktur...

Bu nedenle çocuğa, "Seni falan ile evlendireceğiz" demek, ne çocuğu mutlu eder ne de onun özgür ruhuna yeni bir özgürlük katar...

Çocuk ailesi haricinde "duygusal yakın bağ"a ihtiyaç duymaz, böylesi bir bağ oluşturmak gelişimi aksatır

Çocuk bundan sadece rahatsız olur, bu sözü anlamlandırmak için düşünceler üretir, gerçek olma ihtimalini sorgularken dikkatini dağıtır... Bu, yetişkinlik yıllarında dahi akılda kalan, "acaba" sorgulaması yaptıran iz bırakıcı bir konuşmadır...

Birçok insan vardır ki yetişkinlik çağına gelip evlense bile, hâlâ aklının bir köşesinde çocukluk yıllarındaki bu söylemler kalmıştır. Ve bu durumun, evlilik sorunları yaşandığında, sanki "daha iyi bir fırsat" elden kaçırılmış gibi hissetmeye, duygusal direnci kırmaya sebebiyet verdiği bir gerçektir...

Üstelik, 7 yaşından küçük bir çocuk, kendisine "Seni evlendireceğim" dendiğinde, anne babasından ayrılacağını düşünüp çok rahatsız olur... Kaygılanır... İstemediği bir şeye zorlanacakmışçasına kendini savunmaya iter...

7 yaşından küçük bir çocuk, kendisine "Seni evlendireceğim" dendiğinde, anne babasından ayrılacağını düşünüp çok rahatsız olur

Yetişkinlerin anlık olarak eğlenmek için sarf ettikleri, ancak çocuğun duygu ve düşünce dünyasında yıllarca neye mâl olacağı bilinmeyen böylesi sözler ve davranışlar pedagojik açıdan oldukça yanlıştır...

Herhangi bir şekilde çocuk, yetişkinin "seni oğluma/kızıma alacağım" cümlesine muhatap olmuşsa kaygı ve endişeye kapılmadan başka bir ortamda çocuğa yetişkinin bu davranışının doğru olmadığını, amacının şaka olduğunu fakat "hiç de komik olmayan bir şaka yaptığını" güçlü bir şekilde söylemek gerekir... Çocuk kendi ebeveyninden böylesi bir destek aldığında bundan sonra benzer şekilde tekrar edebilecek davranışları o ölçüde etkisi azalmış olarak karşılayacaktır...

Yetişkinlerin anlık olarak eğlenmek için sarf ettikleri bazı sözler çocuğun duygu ve düşünce dünyasında derin izlerin açılmasına sebep olabilir

ÇOCUĞU "ZİLLİ, ŞILLIK, ÇAPKIN, SERSERİ" GİBİ SÖZLERLE SEVMEK YANLIŞ MI?

Evet...

Çocuğa, günlük hayatta olumsuz çağrışımlar uyandıran argo sözlerle, maço sıfatlarla hitap edilmesi yanlıştır...

"Zilli, serseri, pasaklı, şıllık" gibi kelimelerin oluşturacağı imajlar, çağrışımlar kişilik gelişimi üzerinde olumsuz tesire yol açar...

Çocuk bu sözlerin tesiri ile böyle bir kişi olmaz ama bu sözler uzunca bir süre mücadele edilmesi gereken davranış bozukluklarına yol açabilir... "Şıllık" diye hitap edilen çocuk, ağzına aldığı sakız ile şıllık tiplemesini yaşamaktan keyif alabilir... "Çapkın" diye hitap edilen çocuk okulda kız çocuklarını rahatsız edebilir... "Pasaklı" denilen çocuk bu sözün tesiri ile temizlikten hoşlanmadığını zannedebilir...

Komik de olsa abartılı sözler kişilik gelişimini olumsuz etkiler

Çocuğun kendine öyle hitap edildiği benimsediği "özenti" davranışlar ebeveynleri tedbir almaya, uzunca bir süre bu davranışla mücadele etmeye mecbur bırakabilir...

Bu kelimeler çocuğa hissedilen sevgiyi ifade etmek için kullanılsa da, yetişkini mutlu etse de çocuk yetişkinin mutlu olması için araç haline getirilmemelidir...

Bunun yanında abartı ifade eden sevgi kelimelerinin "aidiyet eki ile" ara sıra kullanılmasında bir mahzur yoktur; çocuğa arada bir "yakışıklım", "prensim", "güzelim", "prensesim" diye hitap edilebilir.

Ancak kullanılan bu sözcükler, çocuğun sıfatına dönüşmeye başlar, çevresi çocuğu bu sıfatla tanımlarsa sorun olur...

Kişilik gelişiminde esas olan, çocuğun ismini yalın biçimde kullanmaktır...

Kişilik gelişiminde esas olan, çocuğun ismini yalın biçimde kullanmaktır

Ayrıca erkek çocuklarına "kız gibi güzel" demek, kız çocuklarını "erkek gibi maşallah" diye övmek yanlıştır. Bu yanlış hitaplar, çocuğu kendi mizacına uygun bir gelişim sürdürmek yerine, benzetilen istikamette yetenek kazanma çabasına sürükler...

"Erkek gibi kız" denilen kız çocuğu, kişilik gelişimini içsel yönelişlerle değil, erkek gibi güçlü olmak üzere kurgulamaya girişir.

"Kız gibi güzel" sözü ise çocuğu erkeğe has jest ve mimiklerden uzaklaştırıp kızlara özgü beden dilini edinme yanılgısına düşürebilir...

Çocuğun yaşamının ilerleyen yıllarında karşılaşabileceği bir taciz olayında bile, bilinçaltı gerekçesi olarak "zaten kız gibi olduğu için" böyle bir olayın başına geldiği hissi uyanabilir...

Yanlış hitaplar, çocuğu kendi mizacına uygun bir gelişim sürdürmek yerine, benzetilen istikamette yetenek kazanma çabasına sürükler

GÜREŞ, KARATE GİBİ OYUNLARDA ÇOCUĞA "SEVECEN-ORANTISIZ" GÜÇ KULLANMAK YANLIŞ MI?

Evet...

Özellikle erkek çocukların güçlenmesi için, bazı ebeveynler tekme tokat şakalaşmaları, güreş, karate gibi dövüş sporlarını oyun haline getirirler... Çocuğun yetişkin ile güreşmesinde, karate yapmasında bir sakınca yoktur... Ebeveyni ile teması da artıracağı için zaman zaman böylesi oyunlar oynanmasında fayda vardır...

Ancak çocuk ile yetişkin arasındaki oyunlarda, yetişkinin var gücüyle çocuğa güç göstergesinde bulunması, pazusu ve kasları ile ona görsel bir mesaj vermesi, fırsat tanımaması, acı vermesi, çocuğu sürekli yenmesi, düşürmesi, çocuğun direncini kırar ve "yetişkinin gücüne karşı direnç gösteremeyeceği" önyargısını oluşturur.... Böyle bir önyargı, çocuğun uğrayabileceği yetişkin tacizine tepki verememesine dahi yol açabilir...

Çocuk tekme tokatla sevilmez, güçlenmez

Ebeveyn çocuk oyunlarında çocuğa kendi gücünü kullanma fırsatı tanımalı, zaman zaman çocuğa yenilmelidir

Çocuğun ellerini kollarını bağlamak, bacaklarının arasına alıp onu çaresiz bırakmak oldukça yanlış tutumlardır.

Tacize uğrayan çocuklarla yapılan röportajlarda, "Neden karşı koymadın, direnmedin?" sorusuna genellikle, "Beni döver, zaten benden güçlü" gibi cevaplar alınır. Yetişkin bir kişiye karşı koyamayacağı önyargısını oluşturacak her davranış çocuğu edilgenleştirir.

Ebeveyn çocuk oyunlarında çocuğa kendi gücünü kullanma fırsatı tanımalı, zaman zaman çocuğa yenilmelidir... Ancak bu fırsatlar çocukta, "Benden daha güçlü olduğu halde mahsus yeniliyor" düşüncesini uyandırmayacak kadar titizlikle sunulmalıdır.

Çocuk tekme ve tokat ile sevilmez... hırslandıkça güçlenmez. Böylesi sevgi gösterileri ile büyüyen çocuklar duygularını dingin bir şekilde ifade etmek yerine, hırçın ve kaba tavırlarla ifade etmeyi marifet zannederler...

Severken
çocuğun
ellerini
kollarını
bağlamak,
bacaklarının
arasına alıp
onu çaresiz
bırakmak
oldukça yanlış
tutumlardır

ÇOCUĞU ZORLAYARAK BİR DAVRANIŞ OLUŞTURMAK İLE CİNSEL GELİŞİM ARASINDA BİR İLİŞKİ VAR MI?

Evet, vardır…

Çocuğu korkutarak, yetişkin gücü ile çaresiz bırakarak birtakım davranışlara zorlamak, bir başka deyişle, direncini kırarak onu istenileni yapar hale getirmek oldukça yanlış bir yetişkin tutumudur. Böylesi tutumlar çocuğu tacize açık hale getirir. Çocuğun güçten korkmasına ve savunmaya gerek duymadan teslim olmasına zemin hazırlar.

Çocuğu zorlayarak bir davranış oluşturmak onun iradesini kırar, kişilik gelişimine zarar verir

Örneğin bir annenin kollarını ve bacaklarını kıstırıp çocuğa zorla yemek yedirmesi, yemiyor diye yanına bıçak ya da iğne gibi nesneler koyması, burnunu sıkarak ağzını açmaya mecbur bırakması…“doktora, polise veririm” demesi… elbisesini çıkarmayan çocuğun kıyafetlerini zorla çıkartması, pijamasını giymeyen çocuğa tokat atıp iradesini kırması, zorla soyup giydirmesi… tuvalete gitmeyen çocuğun pantolonunu zorla indirmesi, tuvalete zorla oturtması, kalkmak istedikçe bacaklarına bastırması çocukta taciz karşısında kendini koruyamaz hale getirecek önyargılar oluşturur…

Hastalık ve zaruret durumları da dahil olmak üzere, çocuğun istenilen davranışı yapmaması halinde fiziksel güç kullanmak yanlıştır... Dişini çektirmekten korkan çocuğu fiziksel baskı ile koltuğa oturtmak... sünnetten korkan çocuğun bacaklarını ve kollarını tutmak... kan vermekten korkan çocuğun kollarını ve bacaklarını etkisiz bırakmak yanlıştır... Faydasına da olsa çocuğun bedenine yetişkin gücünü tattırmak doğru değildir... Böylesi durumlarda çocuğun korkularını anlayışla karşılamak, kaygısını azaltmak için ne kadar acı duyacağını kendisine deneme yolu ile hissettirmek... Yine de korkularından arınmıyorsa, genel anesteziye kadar ekstra tıbbi çözümler aramak yetişkin bedeninin gücü ile tedavi oluşturmaktan daha pedagojiktir...

Hastalık ve zaruret durumları da dahil olmak üzere, çocuğun istenilen davranışı yapmaması halinde fiziksel güç kullanmak yanlıştır

Sadece fiziksel baskıyla değil, bağırarak çaresiz bırakmak, korkutucu yüz ve göz ifadeleriyle direncini kırmak da çocuğa aynı şekilde olumsuz etki eder.

Çocuğu bir davranışı yapar hale getirmenin yolu baskı ve zorlama değil, o davranışı neden yapmadığını anlayıp sebebi ortadan kaldırmaktır...

Çocuğu bir davranışı yapar hale getirmenin yolu o davranışı neden yapmadığını anlayıp sebebi ortadan kaldırmaktır

ÇOCUKLARIN KENDİ ARALARINDA DOKTORCULUK VE EVCİLİK OYNAMASI SAKINCALI MI?

Prensip olarak çocukların doktorculuk, anne babacılık, evcilik oynamasında hiçbir sakınca yoktur...

Ancak bu oyunlarda çocukların birbirlerinin bedenlerini oyun aracı haline getirmeleri sakıncalıdır... Doktorculuk oynayan çocukların küçük bir çocuğu yatırması, elbiselerini çıkartması, onun bedeni üzerinde birtakım oyun geliştirmesi doğru olmaz...

Veya anne babacılık oynamak adına, çocukların birbirleri ile karı koca olması, öpüşmesi, birlikte yatması oyunun kendine has çizgisinin dışına çıkmak demektir...

Böyle oyunlar geliştiren çocuklara kızmak, azarlamak yerine, bir süreliğine oyuna dahil olup oyunun kurallarını çocuklarla birlikte belirlemek daha doğru bir yöntemdir.

Doktorculuk da başka meslek oyunları da çocuğun gelişimine katkı sağlar... Oyuncak bebeklerle oynamak kişilik açısından geliştiricidir... Erkek çocukların bebekle oynamasında sorun yoktur... Önemli olan, çocukların birbirlerinin bedenini oyun aracı haline getirmemesidir.

Çocuğun oyun aracı başka bir çocuğun bedeni olmamalıdır

ÇOCUKLARIN ODA KAPILARINI KAPATARAK OYNAMAMALARINDA SAKINCA VAR MI?

Çocuk oyunlarının hiçbirine önyargıyla ve sakıncalı gözüyle bakılmamalıdır.

Oyun, çocuğun gelişimi için en önemli araçlardan biridir... Çocukların birbirleri ile kurdukları oyunlar yalnızken oynadıkları oyunlardan dört kat daha fazla kazanım içerir...

Çocuk oyun arkadaşı ile iletişimi öğrenir...

Oyun arkadaşının duygularını öğrenir...

Oyun arkadaşını yönetmeyi, onun yönetimine girmeyi öğrenir...

Oyun arkadaşı ile geliştirdikleri kurallara uyma gerekliliğini edinir...

Çocuğun oyun sırasında elde edeceği bu kazanımlar için temel şart, sessiz ve özgür bir ortamdır...

Çocuklar odada oynarken kapılar açık olmalıdır

Bundan dolayı çocuklar birlikte oyun oynayacakları zaman, ayrı bir odaya geçmeyi, özgür bir ortam oluşturmayı tercih ederler...

Çocukların oyun için oluşturmaya çalıştıkları böylesi bir ortamda kapıyı kapatmak konsantrasyonu artırır; dikkat dağıtıcı etkenleri azaltır...

Bazı durumlarda ise çocuklar sadece oyuna konsantre olmak için değil, yetişkinlerin görmesini istemedikleri sakıncalı oyunlara zemin hazırlamak için de odaların kapısını kapatabilirler... Ebeveynler çocuğun oyun ortamını oluşturmasına yardımcı olmalı, ancak kapının kapalı olmasının doğru olmayacağını ifade etmelidir...

Çocuğun oyun sırasında elde edeceği kazanımlar için temel şart, sessiz ve özgür bir ortamdır

Yetişkinler gerekirse daha sessiz olmaya çalışmalı, çocukların dikkatini bozmamak için televizyon, radyo gibi aygıtları kapatmayı çocuklarına saygılı olmanın bir gereği olarak düşünmelidir.

Birbirleri ile yaşıt veya aynı cinsiyetteki çocuklar kendi aralarında oyun kurarken küçük çocukların veya diğer cinsiyetteki çocukların açıkta kalacağı gözden kaçmamalıdır. Çocukların, diğer çocuklar oyunlarını bozmasınlar diye kendilerini daha çok sakınacakları, kapıyı bundan dolayı kapatacakları da bilinmelidir. Böylesi durumlarda oyun için ayrı odaya çekilen çocuklara saygı duyulmalı, dışarıda kalan çocuklarla da yetişkinler oyun oynamalıdır...

Ebeveynler çocuğun oyun ortamını oluşturmasına yardımcı olmalı, ancak kapının kapalı olmasının doğru olmayacağını ifade etmelidir

FİLM VE DİZİLERDEKİ AŞK TEMALI SAHNELER ÇOCUĞUN GELİŞİMİNE OLUMSUZ TESİR EDER Mİ?

Ergenlik dönemi hariç olmak üzere, içeriğinde sevgi, şefkat, aşk gibi duygusal sahnelerin olduğu filmler çocuğun gelişimine katkı sağlar... Çocuğun içinde böylesi duyguların uyanmasına ve bu duygularla kendini geliştirmesine fırsat oluşturur.

Ergenlik döneminde çocuğun duygu dünyasındaki hızlı değişiklikler, onu izlediği sahnelerden çabuk etkilenmeye, seyrettiği oyuncu ile beraber aynı duyguları yaşamaya, karşı cinsle ilişkilere duygusal yatkınlık kazanmaya götürebilir... Henüz 14-15 yaşlarındaki bir çocuğun âşık olması, sevgili ilişkileri kurması onun gelişim sürecini aksatır... Bundan dolayı ergenlik dönemindeki çocukların yoğun duygusal içerik taşıyan filmler izlemesi tercih edilmemelidir.

Anne babalar önceden izlemedikleri filmleri çocuklarına izletmemelidir

Ergenlik dönemindeki çocuklara izletilecek filmler; macera, komedi ve polisiye filmleridir...

Bununla birlikte, içeriği direkt cinsellik barındırmasa da sevgi ve aşk duygularının cinsel çağrışımlarla birlikte kullanıldığı filmler hiçbir yaş döneminde çocuklara sunulmamalıdır...

Ergenlik dönemindeki çocuklara izletilecek filmler; macera, komedi ve polisiye filmleridir

Ebeveynler çocukları ile birlikte izleyecekleri filmler hakkında önceden bilgi sahibi olmalıdır. Beklenmeyen sahnelerle karşılaşıldığında, panik olmadan filmi ileri sardırmak sureti ile çözüm üretilebilir...

İçeriğinde cinsel his barındırsa dahi sevgi ve aşk ifade eden hiçbir davranışa "ığğğ" gibi tiksinti bildiren söz ve mimiklerle karşılık verilmemelidir.

Çünkü cinsellik iğrenç, pis gibi kavramlarla ilişkilendirildiğinde, bilinçaltında insan yaşamının "en doğal yanı" olan cinsellikle ilgili ön yargılar birikebilir.

Ergenlik dönemi hariç olmak üzere çocuk, cinsel his barındıran mimiklerden tedirgin olur... Bunları tuhaf bulur, kaygılanır... Çocuğun bir televizyon/film sahnesinde gördüğü cinsel his taşıyan vücut dili ve mimiklere merakı cinsel dürtülerinden değil filmin devamında ne olacağını öğrenmek istediğindendir... Çocuğun meraklı bakışları ve soruları, anne babayı tedirgin etmemeli, bu meraka cinsel içerikli anlamlar yüklenmemelidir.

Cinsellik iğrenç, pis gibi kavramlarla ilişkilendirildiğinde, bilinçaltında insan yaşamının "en doğal yanı" olan cinsellikle ilgili ön yargılar birikebilir

Ergenlik dönemi ve sonrasında çocuğun cinsel his içerikli filmlere merakı muhtemel cinsel dürtülerden kaynaklanabilir, ancak yanında bulunan anne ve kardeşler böylesi bir dürtünün oluşmasına engeldir. Çocuğun gördüğü bir sahne o an olmasa da daha sonra o filmi tek başına izleme, internette araştırma gibi devam eden dürtüsel davranışların oluşmasına yol açabilir.... Bu açıdan bakıldığında, ergenlik döneminde içeriğinde ne olduğu bilinmeyen bir filmin izlenmesi sırasında cinsel öğelere rast gelinmesi ve çocuğun bunu görmesi, o çocuğa büyük haksızlık olur...

CİNSEL İÇERİK TAŞIYAN GÖRSELLER ÇOCUĞUN CİNSEL GELİŞİMİNE OLUMSUZ TESİR EDER Mİ?

Evet...

Sağlıklı ruhsal gelişim çocuğun "duygusal" ve "zihinsel" gelişiminin eşit düzeyde ilerlemesi ile olur.

Zihinsel gelişimi geri kaldığı halde duygusal gelişimi ileri düzeyde olan çocuklar da, duygusal gelişimi geri olduğu halde zihinsel gelişimde ileri olan çocuklar da probleme yatkındır...

Örneğin, zihinsel olarak ilkokula başlayabilecek çağdaki bir çocuğun duygusal gelişimi aynı düzeyde değilse, böylesi bir çocuk okuma yazma öğrense de okula gitme ve anneden ayrılmada problem yaşar...

Cinsel gelişim ise çocuk gelişiminin en hassas kısmıdır... Duygusal gelişim ile zihinsel gelişim arasındaki küçük bir farklılık bireyi problemli davranışa sürükler...

Cinsel içerikli görseller çocuğun duygusal ve zihinsel gelişimine olumsuz tesir eder

Örneğin, çocuk cinsellikle ilgili "bilgiyi" edindiği halde "duyguları" cinsel gelişim için yeterli değilse, kolaylıkla taciz mağduru olabilir... Kendine ne yapıldığını fark edemeden, cinselliği oyun ve eğlence zannedebilir... Bunun tam tersi olarak, cinsel duyguları uyandığı halde, zihinsel olarak yeterince gelişmediyse duygularını yönetmekte zorluk çeker... Böylesi bir çocuk, duyguları baskın çıktıkça duygularını akılla yönetmekte yetersiz kalır... İşte bundandır ki çocuklar, yaşlarından önce cinsel duygularla tanışmamalı ya da yaşlarının gereği olmayan cinsel bilgilere erişmemelidir...

> Çocuk cinsellikle ilgili "bilgiyi" edindiği halde "duyguları" cinsel gelişim için yeterli değilse, kolaylıkla taciz mağduru olabilir

Seyrettiği film, dizi, okuduğu kitap ve baktığı görseller onun yaşından önce cinsel duygularla tanışmasına sebep olmuş ve fakat çocuk yaşı gereği henüz bu duyguları anlamlandıracak zihinsel yeterliliğe erişmemişse çocuk cinsel duygularının esiri olabilir...

Bundandır ki çocuklar hangi yaşta olursa olsun cinsel içerikli görseller, yazılar ve konuşmalarla tanışmamalı, ergenlik sonrası dönemde erişeceği kendini yönetme beceresi henüz ergenlik dönemindeki çocuktan beklenmemelidir.

Bunun yanı sıra insan bedeninin cinsel araç olarak kullanılmasını ona yapılan bir saygısızlık olarak değerlendirmeyi de çocuk aile içinde öğrenir...

Eve giren gazete, dergi; internet üzerinden yayınlanan görseller, resimler, çocukta cinsel dürtülerin oluşmasını sağlayacağı için tedbirli olunmalıdır.

İnsan bedeninin cinsel araç olarak kullanılmasını ona yapılan bir saygısızlık olarak değerlendirmeyi de çocuk aile içinde öğrenir

GENÇLİK ROMANLARININ ÇOCUĞUN CİNSEL GELİŞİMİNE OLUMSUZ TESİRİ VAR MI?

Evet...

Filmler gibi, romantik gençlik romanları da ikiye ayrılabilir: sevgi içerikli romanlar, cinsel his içerenler.

Cinsel his çağrıştıran, detay barındıran romanlar her yaş döneminde gelişime olumsuz tesir eder...

Cinsel içerikli romanlar, çocuklar üzerinde cinsel içerikli filmlerden daha etkilidir... Zira roman okurken çocuk hayal dünyasını kendisi kurar... Hayalinde canlandırdığı kişilere, durumlara kendince imajlar yükler... Yüklenen bu imajlar mükemmellik barındırır... Filmler hayali sınırlarken, kitaplar hayali genişletir...

İçeriği hakkında bilgi sahibi olunmayan kitaplar çocuklarla tanıştırılmamalıdır

Bundan dolayı ebeveynler içeriği hakkında bilgi sahibi olmadıkları kitapları çocuklarına sunmamalı, çocuğun okuyacağı kitap hakkında genel olarak da olsa bilgi sahibi olmalıdır...

ERGENLİK DÖNEMİNDE ÇOCUĞUN MASTÜRBASYON YAPMASI NORMAL Mİ?

Hayır...

Ergenlik döneminde sıklıkla karşılaşılan mastürbasyon davranışı normal değildir. Cinsel hazzı tatmin etmeye yönelik her davranış cinselliğe yönelişi artırır... İradeyi zayıflatır...

Ergenlik döneminde aşırı uyarılma, hormonal yoğunluk, cinsel hazların yeni keşfi gibi birtakım uyaranlar çocuğu kendi genital bölgesinde bir haz arayışına itse de, çocuğun kendi içinde geliştirdiği ahlaki öğretiler cinsel haz arayışını kontrol altına almasında rol oynayacaktır...

Ergenlik döneminde gerçekleşen mastürbasyon davranışı çocuğun kişilik gelişimine olumsuz etki eder. Çocuğun mastürbasyon sonrası hissettiği suçluluk duygusu kişilik gelişimini yavaşlatır. Agresif davranışlara ve huzursuzluğa sebep olur.

Çocuğun hiçbir döneminde mastürbasyon yapması doğru değildir, gelişimi aksatır

Ergenlik döneminde böyle bir eğilimi olan çocuklara birebir bilgilendirici konuşma yapılması ve çocuğun bu davranışı bırakması için gerekirse uzman desteği alınması doğru olur. Çocukla yapılacak doğru konuşma onun suçluluk hissini artırmamalı, objektif ve net olarak "kendi kendine yapılan cinsel tatmin zararlıdır... Bunun en büyük zararı da alışkanlıktır..." denilebilir.

Çocukta cinsel dürtü oluşturan kaynaklar tespit edilip o kaynaklara erişmemesine yardımcı olunmalıdır.

ERKEK ÇOCUKLARA ERGENLİK DÖNEMİNDE YAŞANACAK DUYGUSAL DEĞİŞİKLİKLER KONUSUNDA ÖNCEDEN BİLGİ VERİLMELİ Mİ?

Hayır...

Erkek çocuklara ergenlikte tanışacağı duygular hakkında önceden bilgi vermek anlamsızdır. Böylesi bilgiler çocuğu yanlışa sevk eder. Anormal davranışlarına "ergenlik bahanesi" oluşturmasına neden olur...

Erkek çocuklar ergenliğe "ergen rüyaları" ile girer, bu rüyalar onlara hiç tanımadıkları bir keyif hali yaşatır... Çocuk daha önce hissetmediği, bilmediği bu hisse sebep olan rüyanın tesiriyle suçluluk duyabilir ve hem gördüğü rüyayı hem de o sırada yaşadığı duyguları gizleme ihtiyacı hissedebilir...

Ergenlik öncesi dönemde olan çocuğa henüz tanışmadığı bu hislerden bahsetmek, bilmediği bir duyguyu anlatmaya çalışmak doğru değildir... His, tarif edilerek değil hissedilerek anlamlandırılır... Çocuğa tanımadığı bu duygu anlatıldığında, gereksiz bir ilgi oluşabilir. Çocuk bu veya başka anormal davranışları sırasında "işte bundan dolayı" diye "ergenlik bahanesi"ne sığınabilir.

Erkek çocukları ergenlik öncesinde "ergen rüyaları" hakkında bilgilendirmek anlamsızdır

Ergenlik öncesi dönemde olan çocuğa henüz tanışmadığı bu hislerden bahsetmek, bilmediği bir duyguyu anlatmaya çalışmak doğru değildir

Çocuğun bu dönemi en iyi şekilde geçirebilmesi için cinsel içerikli sorgulamalar yapmamalı, çocuk kendi duygularını kendisinin yönetebilmesi için rahat bırakılmalıdır.

Erkek çocukları için ergenliğe hazırlık, "cinsel duygular" hakkında bilgiler vererek değil, o dönem geldiğinde neler yapması gerekiyorsa, 7 yaşından itibaren adım adım o kazanımları elde etmesine gayret edilerek olur.

Cinsel haz bir duygudur, ergenlik öncesinde bu duygu hakkında bilgi verilmeye gerek yoktur... Ancak, bu dönemde ihtiyaç duyulacak "boy abdesti" bir davranıştır, bu davranış tarzı bir yaşam biçimi olarak erken yaştan çocuğa kazandırılmalıdır... Çocuğa 7 yaşından itibaren her duş aldığında boy abdesti de alması tavsiye edilir... Bu sayede, ergenlikte ihtiyaç duyulacak bilgiler ergenlik öncesinde edinilmiş olur... Çocuk böylece, ergenliğe girdiği ilk andan itibaren önceki yıllardaki kazanımları ile ergenlik yolculuğunu aksatmadan sürdürebilir...

Çocuğa 7 yaşından itibaren her duş aldığında boy abdesti de alması tavsiye edilir

KIZ ÇOCUKLARI ERGENLİK DÖNEMİNDE OLABİLECEK DEĞİŞİKLİKLER KONUSUNDA BİLGİLENDİRİLMELİ Mİ?

Evet...

Erkek çocuklarının aksine, kız çocuklarına ergenlikle birlikte yaşayacakları değişiklikler hakkında ön bilgilendirme yapılmalıdır. Zira, kızlar ergenliğe erkeklerde olduğu gibi bir cinsel hazla değil, fizyolojik değişikliklerle girerler...

Örneğin, çocuğa yaşı ilerledikçe her kız çocuğunda olduğu gibi göğüslerinin büyüyeceği söylenmeli, bunun için gerekli olabilecek iç çamaşırları tanıtılmalı... Belli bir yaştan sonra da regl olmaya başlayacağı söylenmeli... Çocuğun bu değişikliklerden endişe etmemesi, sakınmaması gerektiği anlatılmalı... Her kız çocuğunun bu dönemde aynı şeyleri yaşadığından bahsedilmelidir... Regl olması halinde kullanacağı hijyen malzemeleri tanıtılmalı, onları sağlıklı olarak nasıl kullanacağı hakkında bilgi verilmelidir... Çocuk, "yetişkin kadınların hepsinin bunları kullanıp kullanmadığını" sorduğunda ona doğru bilgi verilmelidir. Bu sayede çocuk, kendini genç bir hanımefendi gibi hissederek tedirginlik yaşamayacaktır...

Kız çocuklarına ergenlik döneminde yaşayacağı değişiklikler hakkında bilgi verilmelidir

Kız çocukları yaşadıkları fizyolojik değişikliklerin normal olduğu hakkında yeterince bilgilendirilmezlerse, psikolojik zorluklar yaşayabilirler

Kız çocuklarının ergenliğe girişi cinsel haz ile olmadığı için, duygularını gizlemesi söz konusu olmaz. Ancak kız çocukları yaşadıkları fizyolojik değişikliklerin normal olduğu hakkında yeterince bilgilendirilmezlerse, psikolojik zorluklar yaşayabilirler...

Birçok kız çocuğu, göğüslerindeki büyümeyi saklayabilmek için sırtını kamburlaştırarak yürüme, bol kıyafetler giyerek gizlenme ve regl döneminde yanlış bir şey yaptığı düşüncesiyle yaşadıklarını kimseyle paylaşmama yanılgısına kapılabilir...

Ergenlik öncesinde gerçekleşecek bu bilgilendirmeler anne (veya abla) ile birebir ve baş başa yapılmalıdır. Hiçbir çocuk kalabalıklar içinde kendisine ait cinsel konuların konuşulmasından hoşlanmaz...

Kız çocuklarına ayrıca, bir kız bedeninin fizyolojik yapısı hakkında da bilgi verilmeli, cinsel hisler duyduğunda bu yapıya zarar verecek eylemlerde bulunmanın sakıncalarından bahsedilmelidir.

Hiçbir çocuk kalabalıklar içinde kendisine ait cinsel konuların konuşulmasından hoşlanmaz

ÇOCUKLARA VÜCUT TÜYLERİNİN TEMİZLENMESİ KONUSUNDA NASIL EĞİTİM VERİLMELİ?

Ergenlik dönemi ile birlikte çocukların vücutlarında tüylenmeler başlar. Çocuk bu tüylerle nasıl baş edeceğini bilemeyebilir. Ebeveynin görevi, çocuğun mahremiyet bilincini zarara uğratmadan ona yardımcı olmaktır. Bunun için bez bebek kullanılabilir. Çocuğa vücudundaki tüyleri nasıl temizleyeceği bez bebek üzerinde gösterilebilir...

Ergenlik dönemindeki bir çocuğun vücudundaki tüylerin anne babası tarafından temizlenmeye çalışılması doğru değildir...

İster kız, ister ister erkek çocuk olsun, ergenlik dönemi tüylerinin temizlenmesinin tüy dökücü krem kullanarak gerçekleştirilmesinde fayda vardır...

Çocuğun vücudundaki tüylerin anne babası tarafından temizlenmeye çalışılması doğru bir davranış değildir

ERGENLİK DÖNEMİNDE ÇOCUKLARA, KARŞI CİNS HAKKINDA BİLGİ VERİLMESİ GEREKİR Mİ?

Hayır...

Ergenlik döneminde çocukların yaşadıkları duygusal ve fiziksel değişiklikleri yönetebilmeyi öğrenmesi, ergenliğin sorunsuz geçmesi açısından önemlidir. Fakat karşı cinse duygusal yatkınlık taşıyan ergene, bu yatkınlığı derinleştirecek konular açılmamalı, karşı cinsin duyguları, fiziği üzerine konuşmalar yapılmamalıdır...

Çocuğun zaten kendi duygularını yönetmesi zorken, zor olan bu duygulara karşı cinsin duygularını da temas ettirmek onu sıkıntıya sokar...

Ayrıca, ergenlik dönemindeki bir çocuk karşı cinsin fizyolojik yapısının farklı olduğunu öğrendikçe, kendi bedeninden farklı bir fizyolojik yapının nasıl olduğunu merak etmeye, bunu gözlemlemek için görseller araştırmaya, sağlıksız internet ortamında bilgiler edinmeye yönelebilir...

Ergene kendi bedeni haricindeki bedenler hakkında bilgi vermek doğru değildir

Bu sebeple, ergenlik dönemi geçmeden, çocuğu karşı cinsin fizyolojik yapısı, duygusal yönelişleri gibi bilgilerle meşgul etmeye gerek yoktur...

Ergenlik stresini atlatan, bu dönemi geçiren ve duyguları dengelenen çocuklara, nasıl ki yaşam hakkında bilgi veriliyorsa, kız ve erkek dünyası hakkında ihtiyaç duyduğu bilgiler de ebeveyni tarafından iki "yetişkin"in sohbeti şeklinde aktarılmalıdır...

ÇOCUĞUN CİNSEL YAŞAMLA İLGİLİ MERAKLI SORULARINA CEVAP VERİLMELİ Mİ?

Cinsel yaşam kişiye özgüdür, mahremdir...

Bu mahremiyet sadece çocuk ile yetişkin arasındaki konuşmayı değil, yetişkinlerin kendi aralarındaki konuşmaları da kapsar...

Cinsel yaşama ait duygular her yerde ve herkesle rahatlıkla konuşulacak konular değildir...

Pedagojide genel prensip, çocuğa ihtiyacı ölçüsünde bilgi vermektir, her öğrenmek istediğini anlatmak değil... Cinsel yaşam ile ilgili bilgi de çocuğun ihtiyacı olan bilgi değildir.

Çocuğun cinsellik hakkındaki meraklı soruları, yetişkinin cevap vermesi gereken sorular değildir... Böyle sorulara verilecek doğru cevap, "Bu konular özel yaşama ait, ben bunların konuşulmasını doğru bulmuyorum" olabilir...

Çocuğa cinsellik hakkında ancak ergenlik sonrasında ve ihtiyacı ölçüsünde bilgi verilebilir

Çocuğa "henüz senin yaşın küçük" veya "ileride öğrenirsin" türünden cevap vermek merakını artırır.

Ayrıca, böylesi sorularla karşılaşan ebeveynin mimikleri, duruşu, kararlılığı oldukça önemlidir... Anlamlı anlamlı tebessüm etmek, utangaç tavırlara bürünmek, öfke ve kızgınlıkla cevap vermek doğru değildir.

Burada çocuğun ihtiyacı olan şey, net olarak "bu konunun kişinin özel yaşamına ait olduğunu" bilmek ve "başkalarının özel yaşamını öğrenmeye çalışmanın doğru olmadığını" duymaktır...

Çocuğa "henüz senin yaşın küçük" veya "ileride öğrenirsin" türünden cevap vermek merakını artırır

Bunun haricinde, çocuğun evlilikte cinsel yaşamın sağlıklı bir şekilde yürütülmesine dair bilgilendirmeyi hemen evlilik öncesinde alması uygundur. Bu konuda kendisi ile bütün ayrıntıları konuşacak bir "sağdıç" veya "sırdaş"ın olması gerekir... Çocuk evlilik yaşamının cinsel boyutuna dair bütün bilgileri bu kişiden edinmeli... Evlilik öncesi sağlıklı bilgiler tek seferde ve doyurucu olarak aktarılmalıdır...

> Çocuğun evlilikte cinsel yaşamın sağlıklı bir şekilde yürütülmesine dair bilgilendirmeyi hemen evlilik öncesinde alması uygundur

OKUL DÖNEMİNDE KIZ-ERKEK ARKADAŞLIĞI NORMAL MİDİR, HER ZAMAN CİNSELLİK İÇERİR DENİLEBİLİR Mİ?

Hayır...

Okul dönemindeki arkadaşlıklar genellikle "cinsiyetsizlik" üzerindendir, cinsellik üzerinden değildir... Özellikle ana sınıfı, ilkokul gibi çocuğun cinsellik hakkında hiçbir bilgisinin olmadığı dönemdeki arkadaşlıklarına kaygı ile bakmak yersizdir... Bu çağlardaki çocukların birbirleriyle şakalaşmaları, oynaşmaları cinsel his içermez... Onların arkadaşlıklarına engel olarak, şüpheci bakarak gereksiz bir cinsel farkındalık oluşturmamak gerekir... Çocuğun oluşan bu farkındalığı yönetmesi zor olur...

Her kız-erkek arkadaşlığını cinsellik penceresinden yorumlamak yanlıştır

İlkokul çağındaki çocuklar taklide yatkın oldukları ve gelişimlerini taklit davranışlar ile sürdürdükleri için, televizyonda gördükleri "sevgili" sahnelerini kendi aralarında konuşsalar da, kendilerine bunları yakıştırsalar da, bu davranışların sadece taklit olduğu, içeriğinde cinsel duyguların barınamayacağı bilinmelidir...

Ortaokul ve lise çağlarında ise çocuktan çocuğa değişmek ve çocuğun etkilendiği çevreyi de dikkate almak üzere, kız-erkek arkadaşlıkları cinsellik barındırabilir... Her çocuk için olarak değerlendirilecek bu durumda çocuğa yardımcı olmak, yaşından önceki bu farkındalığı değiştirmek gerekir... Çocuğu kendini ifade edebileceği spor, sanat, eğlence gibi alanlarda faal tutmak cinsel yönelişleri etkisiz kılabilir...

Çocuğu kendini ifade edebileceği spor, sanat, eğlence gibi alanlarda faal tutmak cinsel yönelişleri etkisiz kılabilir

Bunun yanı sıra aile içindeki bağların zayıf olmasının çocuklarda kız-erkek arkadaşlıklarını cinsellik ve romantizm bağlamına soktuğu unutulmamalıdır... Aile bağlarının kuvvetlenmesi, çocuğun yaşından önce böylesi yönelişlerinin olmasının önüne geçer...

Aile bağlarının kuvvetlenmesi, çocuğun yaşından önce cinsel yönelişlere girişmesinin olmasının önüne geçer

AŞIRI CİNSEL EĞİLİMLERİ OLAN HEMCİNSİ İLE ARKADAŞLIK, ÇOCUĞUN CİNSEL GELİŞİMİNE OLUMSUZ ETKİ EDER Mİ?

Evet...

Bir çocuğun içinde bulunduğu yaş döneminin gerektirdiğinden daha fazla cinsel eğilimler taşıması sadece kendisinin değil, yakın arkadaşlarının cinsel gelişimine de olumsuz tesir eder...

Zira cinsel hisler yakın duygusal arkadaşlıklarda aktarıma neden olur... Bu aktarımlar, çocuktan çocuğa olduğunda yetişkinler arasında olduğundan daha savunmasızca gerçekleşir... Bundandır ki, "Bana dostunu söyle sana kim olduğunu söyleyeyim" atasözü unutulmamalıdır. Ebeveynler cinsel hislerin bulaşıcılık taşıdığını bilmelidir...

Aşırı cinsel eğilimli arkadaşlar, çocuğu olumsuz etkiler

Bu durum sadece çocuğun çocukla kurduğu arkadaşlıklarda geçerli değildir. Yetişkinin çocuğun yanında yaşadığı cinsel hisler de aktarılır... Bir erkeğin bir kadına sergilediği cinsel his içeren bir duruş, bir bakış, bir dudak hareketi... mimiklerin cinsel hisse göre şekil alması, vücut dili ve kıvrımlarının cinsel hissin tesiri ile oluşması çocuğu etkiler... Aynı durum çocuğun izlediği cinsel içerikli filmler, cinsel hislerle örgülenmiş sahnelerde de geçerlidir... Bu durum insan ilişkilerindeki şefkat ve sevgi içerikli yakınlaşmadan oldukça farklıdır... Televizyonda veya aile içinde sergilenecek sevgi ve şefkat içerikli davranışlar, eşler arasındaki sohbetler çocuğa olumlu duygular yaşattığı halde, sevgi hissinin cinsel hisse dönüşmesi çocukta cinsel his dürtüsünü oluşturur...

Sevgi hissinin cinsel hisse dönüşmesi çocukta cinsel his dürtüsünü oluşturur

Çocuk yakınındaki kişilerde oluşan cinsel hissi, taklit ile değil direkt duygusuna aktarılan "his" olarak gerçekleştirir... İçinde hissedeceği, tuhaf, anlamsız ve aynı zamanda ilgi çekici bu his, çocuğun erken dönemde cinsel duygularla tanışmasına yol açarsa, onu yönetmesi de zor olacaktır...

Şu da bir gerçektir ki, gençler gelişimlerinin gereği olarak genellikle sıra dışı ve sınır dışı davranışları olan arkadaşlarına özenirler. Sıra dışı davranışları olan arkadaşlarından aldıkları cesaretle kendi gelişimlerini sürdürürler... Ancak bu durum eğer cinsel hisse dayalı sınır dışı davranışlar içeriyorsa, orada tedbir almak, belki de arkadaşlık seviyesini yeniden düzenlemeleri için rehberlik etmek gerekir...

Çocuk yakınındaki kişilerde oluşan cinsel hissi, taklit ile değil direkt duygusuna aktarılan "his" olarak gerçekleştirir

Özellikle ön ergenlik (10-14) yaş döneminde anne babalar çocuklarında gerçekleşen "his" ve davranış değişikliklerini gözlemleyebilecek yeteneğe erişmeli, gerekirse bu dönemde pedagog desteği alarak problem oluşmadan farkına varmayı denemelidirler... Ebeveynler çocukların cinsel eğilimlere karşı en korunaksız oldukları ön ergenlik döneminde, çocuklarının arkadaşlarını tanımalı, onların eğitim ve duygularının desteklenmesini de kendi çocukları kadar önemsemelidir.

GİZLİCE KIZLARIN (ERKEKLERİN) ODASINI GÖZETLEYEN ÇOCUĞA NASIL DAVRANMALI?

Gözetleme davranışının yaş dönemlerine göre üç farklı nedeni vardır:

a- 7 yaş öncesinde; merak duygusu

Kendi cinsinden olmayan kız veya erkek kardeşleri ile aralarına engel konulduğu takdirde, bu çağdaki çocuklarda gözetleme davranışının ortaya çıkması muhtemeldir. 7 yaş öncesinde çocuklar birbirleriyle yakın olma, kardeş olma ve engelsiz olma prensibi ile hareket etmelidir. Aynı yatakta yatmadıkları, banyo ve tuvaleti birlikte kullanmadıkları sürece bir sorun yoktur... Kız kardeşi ile arasında mesafe konulan, erkek kardeşinden ayırt edilen çocuklar merak duygusu ile kapı aralarından, anahtar deliğinden gözetleme davranışına yönelebilir.

Böylesi bir tutumla karşılaşıldığında panik yapmamak, olayı abartmamak ve cinsellik üzerinden yorumlamamak gerekir. Çocuğa bu davranışın doğru olmadığı eylem diliyle anlatılmalıdır.

Kız kardeşi ile arasında mesafe konulan, erkek kardeşinden ayırt edilen çocuklar merak duygusu ile kapı aralarından, anahtar deliğinden gözetleme davranışına yönelebilir

Böyle bir durumda seçilecek eylem dili, "Bir başkasının odasını gizlice seyretmek doğru bir davranış değildir" şeklindedir...

Çocuğunda bir odayı gizlice gözetleme davranışına rastlayan ebeveyn, evdeki yasaklara ve çocuklar arasında konulan engellere odaklanmalı, kardeş yakınlığını artırmaya gayret etmelidir...

> 7 yaş sonrası ve ergenlik dönemi öncesinde gözetleme davranışının içeriği önemlidir

b- 7 yaş sonrası; şiddet ve ihmal

7 yaş sonrası ve ergenlik dönemi öncesinde gözetleme davranışının içeriği önemlidir... "Şımarıklık" ve "yılışıklık"tan kaynaklanan bir merak duygusu olabileceği gibi, çocuğun kendi içinde bir gizli dünya ve sahte ben üretmiş olmasından kaynaklanan cinsel içerikli anormal bir davranış da olabilir... Çocuk fırsat bulduğu her an kardeşinin odasını, banyosunu, tuvaletini "gizlice" gözetlemeye meylediyorsa bu davranışın kökeninde ne yattığının daha titizlikle araştırılması gerekir ve uzman desteğine ihtiyaç duyulabilir...

Çocuğun bir başkasının bedenine ve özel yaşamına bu denli ilgi göstermesi, aile içindeki yanlış yapılanmanın işareti olabilir. Bu dönemdeki eğilimler genelde ihmale uğrayan, "duygusal gelişimi" sağlıklı ilerlemeyen, aile bağları zayıf bireylerde görüldüğü gibi, aile bağları kuvvetli olduğu halde çocuğun cinsel yaşamı merak etmesine yol açacak kitap, dergi, video, film, teknoloji gibi araçların kontrolsüzce kullanılması da etken olabilir...

> Çocuğun bir başkasının bedenine ve özel yaşamına ilgi göstermesi, aile içindeki yanlış yapılanmanın işareti olabilir

Bu çağdaki çocuklar arkadaş çevresinin tesiriyle ve kendi aralarında benzer davranışları konuşarak da böyle bir eğilime sürüklenebilirler.

Bunun yanı sıra, cinsel merak aynı zamanda bir oyalanma davranışıdır... Çocuk yasak ve yanlış bir şey yapmakla elde ettiği heyecan duygusuyla kendini iyi hissediyor olabilir... Aşkın duygu arayışları genellikle şiddet mağduru çocuklar için bir oyalanma davranışına dönüşebilir... Böylesi çocuklar sadece gözetleme davranışına değil, aynı zamanda izinsiz eşya alma, gizli ve yasak işlerle meşgul olma ve bu sayede içinde hissettiği huzursuzluğu bastırmaya yönelirler...

Cinsel merak aynı zamanda bir oyalanma davranışıdır... Çocuk yasak ve yanlış bir şey yapmakla elde ettiği heyecan duygusuyla kendini iyi hissediyor olabilir

Bu yaştaki bir çocukta gözetleme davranışı ortaya çıkarsa aile içi iletişim artırılmalı, muhtemel baskı, zorlama ve şiddet içeren davranışlara son verilmelidir. Çocukla doğrudan bu konu üzerine konuşmak yerine bir uzman yardımıyla iç yönelişlerin kaynağını bulmak gerekir.

c- Ergenlik döneminde; şiddet ve cinsel haz

Ergenlik döneminde rastlanılan gözetleme davranışları kontrol edilemeyen cinsel hazdan kaynaklanabileceği gibi, cinselliğin bir bastırma ve oyalanma davranışı olarak kullanılmasından da kaynaklanabilir...

Cinsel duyguların kontrol edilememesinden kaynaklanan gözetleme davranışlarında çocuğun duygularını yönetebilmesine yardımcı olmak gerekir... Duyguların yönetilmesinde, temel insani değerler, ahlaki öğretiler, aile bağlarının kuvvetlendirilmesi gibi yardımcı unsurlar kullanılabilir.

Ergenlik döneminde rastlanılan böylesi bir davranışta ebeveyn çocukla yüz göz olmadan ve vakit geçirmeden pedagog veya psikolog desteği almalıdır...

Duyguların yönetilmesinde, temel insani değerler, ahlaki öğretiler, aile bağlarının kuvvetlendirilmesi gibi yardımcı unsurlar kullanılabilir

ÇOCUĞUN CİNSELLİK İÇEREN KELİMELERİN ANLAMINI SORMASI DURUMUNDA NE YAPMALI?

Çocuklar birbirlerinden taklit ederek ve "iyi bir şey" olduğunu düşünerek cinsel içerikli sözler, küfürler, argo kelimeler öğrenebilirler...

Bu, gelişimin bir parçasıdır ve panik yapacak bir şey yoktur...

Çocuğa bunların "günlük hayatta kullanılmayan" ve "kullanılması doğru olmayan" kelimeler olduğu söylenmelidir. İçeriği hakkında ayrıntıya girilmemelidir.

Çocuklar bazen bu kelimelerin anlamını öğrenseler bile "şımarıklık"la bu sözcükleri kullanmayı sürdürebilirler...

Bu durumda yetişkinler kullanılan kelimenin anlamını boşa çıkartmalıdır... Çocuk cinsel içerikli bir kelime söylediğinde etraftaki kişiler ne kadar tepki verirse, ne kadar şaşkınlık sergilerse, çocuk "oyun olsun diye" bu kelimeleri kullanmaya devam eder... Böylesi durumlarda hiçbir mimik ve sözel karşılık vermeden tepkisiz olmak gerekir...Çocuğun o kelimesi anlamsızlığa mahkûm edilebilir... Böylece çocuk hiçbir anlam taşımayan, başkalarında herhangi bir çağırışım uyandırmayan kelimeyi kullanmayı doğal olarak bırakır...

7 yaş döneminden sonra ise herhangi bir şaşkınlık ifade etmeden çocuğun kullandığı kelime eylem dili kullanılarak düzeltilmelidir.

Çocuğun kullandığı cinsel içerikli sözler, ilgisiz davranılarak boşa çıkartılmalıdır

“ÂŞIK OLDUM” DİYEN ÇOCUĞA NASIL CEVAP VERİLMELİ?

7 yaş öncesinde çocukların hangi duyguyu hangi kelimeyle ifade edeceklerine dair kelime hazneleri yeterli değildir.

Bazen sevgiyi "aşk" kelimesi ile, üzüntüyü "nefret" ile, ilgisizliği "sevgisizlik" ile ifade edebilirler.

Çocuğun duygularını doğru anlamlandırmaya ve doğru kelimelendirmeye ihtiyacı vardır. Çocuk bir kelimeyi yanlış anlamda kullandıysa yetişkinler paniğe kapılmadan tebessüm ederek o kelimeyi doğru kelime ile değiştirmelidirler... Bir başka deyişle yeniden anlamlandırmalıdırlar...

Aşk cinsel içerikli değil, sevgi içerikli bir kelimedir

Çocuk 7 yaş sonrası dönemde ise muhtemel bir taklit davranışı olabilir... Çocuk, medyadan veya çevresinden duyduğu bu kelimeyi kullanmaya çalışıyor olabilir... Bunda anormal bir durum yoktur; bu, gelişimin gereğidir... Zira çocuk duyduğu kelimeleri güncel yaşamda kullanabildikçe kendini geliştirecektir... Bu, içsel bir motivasyondur...

Çocuk "âşık olduğunu" söylerse bu cümleyi doğru anlamlandırmak üzere çocukla iletişime geçilmeli

Bu yaş döneminde çocuk "âşık olduğunu" söylerse bu cümleyi doğru anlamlandırmak üzere çocukla iletişime geçilmeli... Aşkın güzel bir duygu olduğunu, sadece kız-erkek ilişkilerini kapsamadığı, bir annenin çocuğuna duyduğu sevginin de aşk içerebildiği, manevi değerlere duyulan sevginin adının da "aşk" olduğu anlatılmalı... Allah'a duyulan aşk, meslek aşkı gibi hallerden bahsedilerek aşkın tarifi yeniden yapılmalıdır... Böylece çocuğun bir başka çocuk için kullandığı "âşık olma" kelimesinin karşı cins dürtüsüne dönüşmemesi sağlanmış olur...

Yine bu yaş dönemindeki çocukların bu kelimeleri nereden öğrendiğini ve hangi duygusal yönelişleri nereden edindiğini gözlemlemek de oldukça önemlidir...

Gerekirse, çocukların birbirlerine duyduğu yakınlığı "aşk" kelimesi ile değil, "sevgi" kelimesi ile ifade etmeleri teşvik edilmelidir.

Çocukların birbirlerine duyduğu yakınlığı "aşk" kelimesi ile değil, "sevgi" kelimesi ile ifade etmeleri teşvik edilmelidir

ÇOCUĞUN KARŞI CİNSİYETTEN BİR ARKADAŞI VARSA NASIL DAVRANILMALI?

Bir çocuğun kız ya da erkek arkadaşının olması anne babayı tedirgin edecek bir durum değildir. Önemli olan, çocuğun karşı cinsle kurduğu arkadaşlık ilişkisinde duygularını yönetip yönetemediğidir... Mahremiyet eğitimini; yani "duyguların yönetilmesi eğitimini" almış bir çocuk sosyal yaşamda, okulda, sokakta konuştuğu arkadaşları içerisinde kız veya erkek çocuğun olmasını sorun olarak görmez, çocukluğun en masum dönemlerinde cinsiyet ayrımına göre yaşam sürmeye çalışmaz... İnsan insana yaşama becerisi çocukluk döneminin en güçlü özelliğidir...

Sorun, arkadaş olmak değil, o arkadaşlığın cinsel yakınlığa dönüşmesidir

Bunun yanı sıra, çocuklar sosyal arkadaşlık içerisinde birbirleriyle konuşur, ilgi sahalarını paylaşır ve birlikte alışveriş yaparlar. Burada sorunlu davranış, karşı cinsten bir arkadaşın olmasından daha çok o arkadaşlık bağının cinsellik üzerinden yorumlanmaya başlanmasıdır...

Anne babalar çocuklarının arkadaşlıklarını gereksizce engellemek yerine, bu arkadaşlıkların duygusal yakınlaşmayı beraberinde getirip getirmediğine odaklanmalıdır

Anne babalar bazen çocuklarını karşı cinsten korumaya çalışırken, çocuklarının kendi cinsleri ile de duygusal yakınlaşmaya girebilme ihtimalini gözden kaçırmaktadırlar...

Sürekli kendi cinsleri ile arkadaşlık etmeye "mecbur edilen" ve uygun olmayan ortamlarda bir arada bırakılan çocukların kendi cinslerine karşı duygusal yakınlık duyabildikleri unutulmamalıdır.

Anne babalar okul ortamlarında, sokak oyunlarında, günlük yaşamın içinde çocuklarının arkadaşlıklarını gereksizce engellemek yerine, bu arkadaşlıkların cinsel ilgi alanına dönüşmemesine veya duygusal yakınlaşmayı beraberinde getirip getirmediğine odaklanmalıdır.

Çocuk böylesi bir yakınlık ilişkisine girdiğinde rutin davranışları değişir... Duygularını yönetmesi zorlaşır... bazen içe kapanma, agresifleşme... bazen de aşırı müzik dinleme ve giyim tarzını değiştirmeye yönelir...

Böylesi durumlarda dahi anne baba birden panik yapmamalı, çocuğa öfke veya kızgınlıkla yaklaşmamalıdır.

Böylesi durumlarda dahi anne baba birden panik yapmamalı, çocuğa öfke veya kızgınlıkla yaklaşmamalıdır

Ebeveynler böylesi durumlarda çocuklarının yardıma ihtiyacının olduğunu düşünmeli, duygularını yönetmekte zorluk çektiğini fark etmeli ve kendi tecrübeleriyle duygularını nasıl yöneteceğini çocuklarıyla bir rehber gibi paylaşmalıdır.

Gerekirse bir uzman desteğine başvurulmalıdır...

ÇOCUKLARIN BİRBİRLERİNE CİNSEL ORGANLARINI GÖSTERDİKLERİ FARK EDİLİRSE NASIL DAVRANILMALI?

7 yaş öncesi çocuklarda oldukça sık görülen davranışlardan biri, özellikle erkek çocukların birbirlerine cinsel organlarını göstermesi veya başka bir çocuğun cinsel organını merak etmesidir...

Böylesi bir durumla karşılaşan anne babalar, çok vahim bir şey olmuş gibi kaygıya kapılmamalı, bu davranışın nasıl düzeltileceğine odaklanmalıdır...

Çocukla "eylem dili" üzerinden iletişime geçmeli, insanın bedeninin kendisine ait olduğu ve cinsel bölgelerini bir başkasına göstermenin "doğru bir davranış olmadığı" çocukla paylaşılmalıdır. Unutulmamalıdır ki çocuk bu davranışın cinsel içerik taşıdığını bilse gerçekleştirmez... Oyun ve eğlence amacıyla girişilen bu davranış yetişkinin soğukkanlı davranması ve çocuğu bilgilendirmesiyle aşılabilir.

7 yaş öncesinde çocukların birbirlerine cinsel organlarını göstermesi cinsel içerikli davranış olarak yorumlanmamalıdır

Bazı yetişkinler bu davranışı, korkutma ve cezalandırma ile engellemeye çalışırlar... Halbuki korkutmak ve cezalandırmak sorunu çözmez, çocuk zarara uğramamak için bu defa aynı davranışı gizli gizli yapmaya girişir.

İlkokul çağındaki çocuklarda kendi bedenini sakınma, gelişimin bir parçasıdır ve mahremiyet eğitimi almış çocuklarda genellikle bu türden davranışlara rastlanmaz.

Bir çocuk ilkokul çağının sonuna geldiği halde bedenini sakınmıyorsa, mahremiyet eğitiminde bazı şeylerin eksik bırakıldığı düşünülmelidir

Bir çocuk ilkokul çağının sonuna geldiği halde bedenini sakınmıyorsa, bundan önceki dönemde mahremiyet eğitiminde bazı şeylerin eksik bırakıldığı düşünülmelidir.

Çocukla oldukça "kararlı" bir şekilde konuşulmalı ve bunun yanlış bir davranış olduğu ifade edilmelidir... Çocuk, yetişkinin kararlılığından etkilenerek bu davranışın doğru olmadığını fark etmelidir... Kararlılık; kızmak, öfkelenmek, bağırmak değildir. Net bir ifade ile "bunun yanlış ve yapılmaması gereken bir davranış olduğu" vurgulanmalıdır... Gerekirse çocuktan söz alınmalıdır...

Ortaokul veya lise çağındaki bir çocuğun kendi cinsel organını bir başkasına göstermesi, kendi bedeninin resmini başkaları ile paylaşması bir uzman desteği ile kökeni bulunması ve onarılması gereken sorunlu bir davranıştır...

Genellikle aile içi iletişimi zayıf ve ihmale uğrayan çocuklar ile şiddet mağduru çocukların bu davranışa yöneldiği gözlenmektedir...

Aile içinde duygusal ihmale uğrayan çocukların arkadaşlık kurmak veya kurulan arkadaşlıkları daha yakın duygusal ilişkiye çevirip sevgi ihtiyacını karşılayabilmek için böylesi davranışlara giriştiği görülmektedir...

Ortaokul veya lise çağındaki bir çocuğun kendi cinsel organını bir başkasına göstermesi, kökeni bulunması ve onarılması gereken sorunlu bir davranıştır

CİNSEL BÖLGESİYLE OYNARKEN GÖRÜLEN ÇOCUĞA NASIL YAKLAŞILMALI?

Her yaş döneminde çocuklar kendi vücut organlarını merak ederler, keşfetmeye çalışırlar; bu gayet insani bir davranıştır.

İster kız ister erkek çocuklar, zaman zaman genital bölgelerini tanımaya ve oynamaya meyledebilirler. Bu aynı zamanda çocuğun kendi vücudunu keşfetme ve bilme hakkıdır.

Anne babalar böylesi durumla karşılaştıklarında "pis, kaka, ahlaksızlık, günah" gibi kelimeleri asla kullanmamalı, çocuğu kendi bedeninden tiksindirmemelidir.

Böylesi baskılar çocuk için yetişkinlik döneminde cinsel işlev bozukluğuna kadar varabilecek tehlikeli bir sürecin ilk etkisini oluşturabilir.

Çocuğun kendi vücudunu tanıması en doğal hakkıdır

Sık sık karşılaşılmaması şartıyla bu tür davranışların görmezden gelinmesi gerekir... Çocuk sıklıkla elini iç çamaşırına sokup sürekli orada tutuyorsa, bunun kaşıntı, alerji gibi tıbbi sebeplerden kaynaklanabileceği de düşünülmelidir...

Bunun yanı sıra tuvalet eğitimi yanlış ilerlemiş çocukların da ellerinin cinsel bölgelerinde bulunduğu görülmektedir... Tuvalet alışkanlığı kazandırılırken sık sık "tut, tut sakın altına kaçırma" denmesini çocuk cinsel organını tutmak olarak algıladığı için, bu davranış o dönemden kalan bir alışkanlığın devamı olabilir...

Anne babalar "pis, kaka, ahlaksızlık, günah" gibi kelimeleri asla kullanmamalı, çocuğu kendi bedeninden tiksindirmemelidir

Ayrıca, çocuğun tuvaleti geldiği sırada da kendini sıkarken elini cinsel organına uzattığı görülmektedir...

Çocuğun elinin cinsel organına uzatması “çocuk mastürbasyonunu” çağrıştırmamalıdır. Çocuk mastürbasyonunun en belirgin yanı sürekli sürtünme ve ter içinde kalıncaya kadar yoğunlaşmadır...

Çocuğun elinin cinsel organına uzatması “çocuk mastürbasyonunu” çağrıştırmamalıdır

ÇOCUĞUN İNTERNETTEN CİNSEL BİLGİ EDİNMESİNE GÖZ YUMULMALI MI?

Hayır...

Bazı anne babalar çocuklarının ihtiyaç duyacağı cinsel eğitimi kendileri karşılamaktan çekindikleri ve neler anlatacaklarını bilemedikleri için bu bilgilerin internetten edinilmesini bir çıkış yolu görüyorlar...

Halbuki internet ortamında bilgi kontrolsüzce yayılır. Bu ortamda sağlıklı cinsel bilgi edinmek hayli zordur... Hele söz konusu kişi bir çocuksa bu neredeyse imkânsızdır... Çocuğun cinsel bilgi edinmek için yapacağı her bir arama karşılığında cinsel içerikli filmler ve görsellerle karşılaşması muhtemeldir... Ayrıca çocuğun okuyacakları gerçek ve sağlıklı bilgiler olsa bile hangi yaşa göre yazıldığı ve çocuk tarafından ne anlaşıldığı da çok önemlidir.

Sağlıklı cinsel gelişim internet ortamında değil, yetişkinle çocuk arasında birebir iletişimle gerçekleşir

Çocuğun cinsel gelişimi bir günde ya da bir ayda tamamlanmaz. Bu, ayları, hatta kimi zaman yılları alan bir süreçtir. Mahremiyet eğitimi kapsamında gerçekleşmeyen cinsel eğitim, çocuğun ruh sağlığına olumsuz tesir eder...

İnternet ortamı çocuğun duygusal hazır bulunuşluğunu ve zihinsel farkındalığını hesap etmeden göz atılabilecek bir eğlence ortamı değildir...

TELEFON, MESAJ, MAİL ARACILIĞI İLE ARKADAŞLARIYLA CİNSEL İÇERİKLİ PAYLAŞIMLARDA BULUNAN ÇOCUĞA NASIL DAVRANILMALI?

Yazılı mesaj çocuklar arasında davranış bozukluğunu en hızlı yayan iletişim aracıdır... Çocuk, yüz yüze olduğunda çekineceği konuları, edemeyeceği teklifleri yazılı mesajla çok rahat ifade edebilir... Çocukların yine elektronik mesajlar vasıtasıyla birbirleriyle çeşitli yazı ve filmleri de paylaştıkları bir gerçektir...

Günümüzde yazılı iletişim, sadece e-mail ile değil, whatsapp, sms, tango, facebook, instagram gibi onlarca farklı araçla da gerçekleşmektedir...

Bundandır ki, henüz duygularını yönetemeyen, zihinsel olarak yanlış davranışları tam fark edemeyen çocuğa "internet" ve "sms" kullanım haklı cep telefonu almak, onu baş edemeyeceği bir alanla baş başa bırakmak olur... Çocuğa, bir iletişim aracı olarak telefon, ancak ortaokul son sınıfta alınabilir... İnternet ve sms kullanımlı hat almak ise ergenlik döneminin sonuna bırakılmalıdır...

Çocuklara mesajlaşma yerine telefon ile görüşme tavsiyesinde bulunulmalıdır

Çocuğun korunaksızlığı cep telefonunda sahip olduğu sms ve internet kullanımının sınırsızlığı ile ölçülür

Burada sorun çocuğa güvenmemek değil, çocuğun mesajla iletişime açık bir hattının olup olmamasıdır... Bir anne baba çocuğunu ne kadar iyi yetiştirirse yetiştirsin, çocuğun mesajla iletişime açık bir telefonu varsa ve telefonunu kendi akranları ile paylaşmışsa, bu telefona uygunsuz içerikli mesaj gelme ihtimali oldukça yüksektir... Çocuk kimi zaman okuldaki "kankasından", kimi zaman mahalledeki uykusu kaçmış arkadaşından mesaj alabilir... Böylesi bir durum fark edildiğinde yapılacak şey çocuğa kızmak değil, yaşa uygunluk durumuna göre yukarıda izah edildiği şekilde cep telefonunda internet ve sms kullanımını yeniden gözden geçirmektir... Çocuğun korunaksızlığı cep telefonunda sahip olduğu sms ve internet kullanımının sınırsızlığı ile ölçülür...

Mesaj içeriğinde uygunsuzluk görülen çocuğa "eylem dili ile" cinsel içerikli paylaşımlar yapmanın kişinin kendi saygınlığına zarar verdiği söylenir... Eğer çocuk arkadaşlarının mesaj paylaşımlarını yönetmekte zorluk çekiyorsa, karşılıklı anlaşarak internet ve sms kullanımını kaldırmak doğru bir çözüm olabilir... Telefonun sadece bir iletişim aracı olarak kullanılması, bir yaşam tarzı haline getirilebilir...

Çocuğa, yazılı mesajlaşma yerine telefon ile konuşma, yüz yüze iletişim tavsiyesinde bulunmak doğru bir çözümdür...

Çocuğa, yazılı mesajlaşma yerine telefon ile konuşma, yüz yüze iletişim tavsiyesinde bulunmak doğru bir çözümdür

CİNSEL İÇERİKLİ GÖRÜNTÜLERE MERAK SALAN ÇOCUKLARA NASIL DAVRANILMALI?

Cinsel içerikli görüntüler çoğunlukla internet aracılığı ile yayılmaktadır.

İnternetin nasıl kullanılacağına dair eğitim ebeveynin bizzat kendisine aittir. Aile içinde internet ve sosyal medyanın nasıl kullanılacağına dair bir tarz ve öğreti geliştirmemiş anne babalar, çocuklarını eğitimsiz olarak sorunlu bir alana bırakmış olurlar...

Pedagojik olarak bakıldığında, çocuğun uygunsuz içerikle meşgul olması bizzat kendisi ile değil, aile içinde çocukla ilişkinin kalitesi ile ilgilidir...

Uygunsuz
içerikli
görüntülere
merak salmak
genellikle
çocuktan değil
aile içi olumsuz
iletişimden
kaynaklanır

Cinsel içerikli görüntülere merak salan çocuğun öncelikle aile içi iletişimi kuvvetlendirilmeli, anne-baba-çocuk bağı kalitelendirilmeli... Anne babanın çocuk üzerindeki tesir gücü artırılmalı... Çocuğa uygunsuz içerikli görüntüleri seyretmenin kendisine ruhen ve zihnen zarar verdiğinden bahsedilmelidir... Ancak bu sözün tesir edebilmesi için sözü söyleyen kişi ile çocuğun bağının güçlü olması gerekir...

Çocuk ergenlik döneminde ise ve bu görüntüler onun için bir haz kaynağı haline gelmişse, bu davranışı terk edebilmesi için adım adım gidecek bir gelişim sağlanmalıdır.

Şöyle ki; çocuk bu davranışa her gün gereksinim duyuyorsa, ona kendisinin de hoşuna gidecek bir haftalık program hazırlanır... Bu programda gezi, eğlence, spor, sanat gibi aktiviteler olabilir... Çocuğun keyifle meşgul olacağı aktiviteler, duygularını ve zihnini dağıtmasını sağlarsa çözüme doğru adım atılmış olur...

Cinsel içerikli görüntülere merak salan çocuğun öncelikle aile içi iletişimi kuvvetlendirilmeli, anne-baba-çocuk bağı kalitelendirilmeli

Böylesi bir alışkanlığı olan çocuk, yazılı iletişim ve internet ortamından uzak durmalı... Kendi ile baş başa kalmamalıdır... "Sürekli iletişim" bağımlılık sorunlarının çözülmesinde oldukça etkili bir yöntemdir...

Ekstra tedbir olarak aile içi internet kullanımında güvenlik paketleri tercih edilebilir... Çocuğun bu davranışındaki derinliği ve periyodunu fark edebilmek için internet geçmişi vasıtasıyla bilgi edinilip çocuğa hangi seviyede yardım edileceği tespit edilebilir...

Cinsel içerikli görsel ve filmlere yatkınlık genellikle uzman desteği alınarak çözülmesi gereken bir problemdir...

"Sürekli iletişim" bağımlılık sorunlarının çözülmesinde oldukça etkili bir yöntemdir

YAŞINDAN ÖNCE EDİNDİĞİ CİNSEL BİLGİLERİN ÇOCUĞA ZARAR VERMEMESİ İÇİN NE YAPILMALI?

Öğrenilen bir bilgi silinemez... Unutturulmaz...

Cinsel bilgilerle ergenlik dönemi öncesinde tanışmak kimi çocukta şaşkınlığa, kimisinde tiksintiye... kimi zaman anne babadan uzaklaşmaya kimi zaman da yetişkinlere farklı gözle bakmaya sebep olabilir...

Çocuğun cinselliğe yüklediği yanlış anlam kadar yetişkinlere bakış açısı da değişir...

Böylesi bir durumda özel bir konuşma yapmak, "aslında bu normal bir şey" demek, çocuğun uğradığı zararı azaltmaz, artırabilir bile...

Çocuğun yaşadığı anlam bozukluğu zaman içinde ve ergenlik döneminde düzelir...

Böylesi bir durumda çocukla özel konuşma yapmak, "aslında bu normal bir şey" demek çocuğun uğradığı zararı azaltmaz, bazen artırabilir bile

Ebeveynler, çocuğun yaşından erken cinsel bilgiler edindiğini görseler de davranışlarında bir değişiklik yapmamalı... bundan dolayı çocuğa aşırı ilgi göstermemeli... sanki suçluymuş gibi savunucu davranmamalı... çocuğu kendi haline bırakmalıdır...

Ebeveynler, çocuğun yaşından erken cinsel bilgiler edindiğini görseler de davranışlarında bir değişiklik yapmamalı

Doğal yaşama devam etmek çocuğun içsel tepkisini azaltır... Günler geçtikçe ilk duyduğunda şaşkınlık yaşadığı şeylerin etkisinden kurtulur... tamamen iç düzeni oturmasa da kabullenir...

Ancak tam bir arınma ve cinselliğin de yaşamın bir parçası olduğunu fark edebilme ergenlik dönemiyle oluşmaya başlar... Çocuk kendi duygularında da cinselliği fark ettikçe ve bunun her insanda olan normal bir duygu olduğunu anladıkça yaşadığı şok dağılır ve ebeveyni ile yeniden düzeyli birliktelik kurabilir...

Ancak erken yaşlarda aşırı ve yoğun cinsel bilgiler edinmiş çocuklar için ortam değiştirmek, ebeveynlerden biriyle tatile gitmek, gezmek, gündelik hayatın içinde olmak faydalı olacaktır.... Örneğin eğlence merkezine gitmek, gezmek, lunaparka gitmek, kalabalık ortamlarda düğün dernek gibi sosyal faaliyetlerde bulunmak çocuğa iyi gelecektir. Çocuk hayatın doğal haliyle hâlâ devam ettiğini gördükçe öğrendiklerinin tesirinden kurtulacaktır...

Çocukla neyi duyduğu, neyi öğrendiği hakkında sorgulama ve düzeltici konuşma yapılmaması gerekir. Bu konuyu konuşmamak ve doğal akışına bırakmak en doğru çözümdür.

Çocukla neyi duyduğu, neyi öğrendiği hakkında sorgulama ve düzeltici konuşma yapılmaması gerekir

ÇOCUK "NEDEN ANNE-BABA AYNI YATAKTA YATIYOR, ÇOCUKLAR AYRI YATIYOR?" DİYE SORARSA NE DEMELİ?

Bu sorunun kökeninde genellikle dışlanmışlık vardır...

Çocuk kendini anne babasından ayrı görmeye başladığında bu ayrılığın nedenini, "Ben neden sizden ayrı yatıyorum?" diyerek sorgular...

Eğer çocuğun anne babası ile güvenli bağı devam ediyorsa, ne böyle bir hisse ne de böyle bir duyguya kapılacaktır...

Nadir de olsa çocuklar "gerçekten" merak ettikleri için de, "Neden sen babamla/annemle yatıyorsun?" diye sorabilirler.. Bu meraklı bir sorudur, çocuk kendini dışlanmış hissetmeden ve kendini işin içine katmadan sorar...

Çocuk dışlanmışlık hissettiğinde anne-babasının neden birlikte yattığını sorgular

Bu sorunun cevabı, "Çünkü anneni/babanı çok seviyorum" olabilir... Kendini anne babasının bir parçası olarak gören çocuk, "Beni sevmiyor musun o zaman?" diye sormaz... Çünkü bu sorunun duygusal kökeni kendisiyle ilişkilendirmek değil, gerçekten neden birlikte yattıklarını öğrenmektir... "Çünkü anneni/babanı çok seviyorum da ondan" cevabı çocuğu mutlu eder...

Bu sorunun cevabı, "Çünkü anneni/babanı çok seviyorum" olabilir

Ancak, soru "Neden benimle değil de annemle/babamla yatıyorsun?" şeklinde ise ve çocuk kendisini de ilişkilendirmek istiyorsa verilecek cevap daha farklıdır... Bu duygu ile sorulan soruya, "Çünkü anneni/babanı çok seviyorum da ondan" cevabı çocukta kendisinin sevilmediği hissini oluşturur...

Böylesi bir soru karşısında ebeveynlerden biri "Seninle yatmamı ister misin?" diyerek dışlanmışlık hissini onarmaya yönelmelidir... Çocuk bu teklife olumlu cevap verirse, ebeveynlerden biri geçici olarak çocuğun odasında onun yanına yatmalı, çocuk uyuduktan sonra kendi yatağına dönmelidir...

Bu gelip geçici soruya büyük ve felsefi izahlar yapmaya gerek yoktur. Çocuk yaşamın doğal akışı içerisinde bunun böyle olması gerektiğini kavrayacaktır.

Bu gelip geçici soruya büyük ve felsefi izahlar yapmaya gerek yoktur

YANLIŞ CİNSEL EĞİTİM ALMIŞ ÇOCUĞUN EDİNDİĞİ BİLGİLER DÜZELTİLMELİ Mİ?

Evet...

Çocuklar aynı yaşta olsalar bile, aynı duygusal ve zihinsel hazır bulunuşluk seviyesinde olmadıklarından dolayı okullarda veya toplu ortamlarda gerçekleştirilen cinsel eğitim her çocukta farklı tesir oluşturur... Kimi çocuk ne anlatıldığını tam anlayabilirken, kimisi çok yanlış şeyler anlayabilir... İşte bundandır ki cinsel eğitim topluca verilmez, kişiye özeldir...

Çocuğun yanlış anlamlandırdığı cinsel bilgiler düzeltilmelidir

Çocuğun yanlış anlamlandırdığı cinsel bilgileri ebeveyni ile paylaşması durumunda, bu bilgiler çocuğun yaşına ve anlayış düzeyine göre toparlanmalı... "Aslında öğretmen şunu kastetmiş olabilir" denilerek bilgiler çocuğun anlayış düzeyine uyarlanmalıdır...

Çocuğun yanlış cinsel eğitim sürecine girmesi ile belirgin davranış değişiklikleri gözlemleniyorsa (örneğin banyo ve tuvaletten geç çıkma, yatağa erken gitme, gece geç saatlere kadar uyumama gibi) ortam değişikliği, tatile çıkma, eğlenme, gezme, sosyal faaliyetleri artırma, spor gibi etkinlikler organize etmek iyi gelecektir...

ERGENLİK DÖNEMİNDEKİ ÇOCUĞUN BİR ARKADAŞIYLA CİNSEL YAKINLAŞMADA BULUNMASI DURUMUNDA NE YAPILMALIDIR?

Çocuk hangi davranışı sergilerse sergilesin ebeveyn onu terk edemez, sokağa atamaz, onu yok kabul edemez.

Çocuğun yaşayacağı her türlü problem ebeveyn için öfkelenmeden, ortalığı telaşa vermeden, çocuğu zarara uğratmadan çözülmesi gereken bir ödevdir.

Bir ebeveynin en çaresiz kaldığı an, çocuğunun bir kişi ile cinsel yakınlaşma yaşamış olmasıdır...

Böylesi bir durumu ebeveyn kabullenmek istemese de çözüm yine onun desteği ile olmak zorundadır... Çocuk terk edilmez, reddedilmez, tek başına çaresiz bırakılmaz...

Çocuğun yaşayacağı her türlü problem, öfkelenmeden çözülmesi gereken bir ebeveynlik ödevidir

Kişinin yaptığı yanlışlar bazen öylesi bir iç çatışması oluşturur ki, bu iç çatışmalar, o kişiye kendini yeniden toparlaması için güç verir

Kişinin yaptığı yanlışlar bazen öylesi bir iç çatışması oluşturur ki, bu iç çatışmalar, o kişiye kendini yeniden toparlaması için güç verir... Böyle bir yanlış yapmış çocuk da yaptığının yanlışlığını fark etmiş ve bir iç çatışmaya başlamışsa çocuğu dışlamadan, reddetmeden, bağları koparmadan kendini dinlemesine, pişmanlığını yaşamasına müsaade edilmelidir. Böylece çocuk ailesinden aldığı destekle... ve davranışın pişmanlığından aldığı güçle kendini toparlamaya fırsat bulacaktır....

Çocuğu aşağılamak, cezalandırmak, günahkâr muamelesi ile dışlamak, onda yaptığı şeyin karşılığını aldığı düşüncesi ile ödeşmişlik duygusu oluşturacak... ödeşmişlik duygusu da pişmanlık yaşamasına engel olacaktır...

Eğer çocuk sıklıkla ve pişmanlık duymadan böylesi davranışları tekrar ediyorsa... ve bu davranışı savunuyorsa muhtemelen ahlak örüntülerinde veya cinsel dürtü kaynaklarında problem vardır... Böylesi bir durumda bir uzman desteğine başvurulmalıdır...

> Çocuğu aşağılamak, cezalandırmak, günahkâr muamelesi ile dışlamak, onda yaptığı şeyin karşılığını aldığı düşüncesi ile ödeşmişlik duygusu oluşturacaktır

ÇOCUKLARIN KAMP VE YURTLARDA BİRLİKTE KALMASI SAKINCALI OLABİLİR Mİ?

Çocukların topluca "uzunca süre" birlikte kalmaları, ancak lise çağından itibaren ve mahremiyet kurallarına uygun olmak şartıyla mümkün olur. Gerekli şartlar sağlandığında bu türden tecrübeler gelişimlerine katkı sağlar.

Çocukların bir arada kaldığı ortamlarda mahremiyet eğitiminin bir gereği olarak fiziksel auralara dikkat edilmesine, başkalarının aurasına izinsiz girilmemesine özen gösterilmelidir...

Bu hassasiyeti taşımayan çocuklara mahremiyet eğitimi ve kişisel auralarla ilgili bilgiler verilmeli... Nezaket ve zarafetten bahsedilmelidir... Gençlerin topluca kaldığı yerlerde banyo, tuvalet, lavabo ve yatak odasında kıyafet ve davranışların aşırıya kaçmamasına özen gösterilmesi istenmelidir... Gerekirse bu konuda sohbetler ve eğitimler verilmelidir...

Çocuklar ancak mahremiyet şartlarına uygun ortamlarda birlikte kalabilir

Çocukların soyunup giyinirken birbirlerine saygı göstermeleri, özel eşya ve kıyafetlerin ortaklaşa kullanılmaması prensibi anlatılmalıdır...

"Kız kıza, erkek erkeğe bir şey olmaz zaten" düşüncesi oldukça yanlıştır... Zira toplu kalınan yerlerde çocukların kendi cinslerine duygusal yakınlık hissetmeleri de sık görülen bir durumdur. Gerekli şartlar sağlanamıyorsa veya çocuklara rehberlik yapacak kişilerin farkındalık düzeyleri yeterli değilse çocukların bir arada kalmaları uygun değildir...

ERKEK ÇOCUĞUN ANNE YATAĞINDA YATMASI ÇOCUĞU EŞCİNSEL YAPAR MI?

Hayır... Bu düşünce insan doğasına aykırıdır.

Eğer öyle olsa idi, çocuğun anne yanında yatması gereken zorunlu hallerde her çocuk eşcinsel olurdu...

Hastalık nedeniyle anne ilgisine ve sıcaklığına ihtiyaç duyan bir çocuğun annesinin koynunda yatmasında da, korku ve kaygı yaşayan bir çocuğun annesinden teselli bulmasında da bir mahzur yoktur... Bazı fiziksel engelli çocukların belli bir zamana kadar anne yanında yatmaları zaten bir ihtiyaçtır.

Anne ile yatmak çocuğu eşcinsel yapmaz

Anneye ihtiyaç bu kadar yoğunken, "anne yanında yatan çocuğun eşcinsel olacağı"nı iddia etmek oldukça yanlıştır...

Anne yatağında uzun süre yatmak ancak bağımlılık oluşturabilir.

Çocuk emme süreci kadar anne yanında yatmalı, emme süreci sonunda anne yatağından ayrılmalıdır... Emme süreci tamamlandığı halde çocuk anne yatağından adım adım ayrılmamış ise ilerleyen yaşlarda anneden ayrılması zorlaşır...

Çocuğun anne yatağından ayrılması sürecinin 30 aya kadar tamamlanmış olması gerekir.

ERKEK ÇOCUĞUN, ANNESİNİN VE KIZ KARDEŞİNİN EŞYALARINI KULLANMASINDA BİR MAHZUR OLUR MU?

Hayır, olmaz...

Erkek çocukların 7 yaş öncesinde kızların eşyalarını merak etmesinde, kullanmak istemesinde, oynamasında, ne işe yaradığını öğrenmek istemesinde merak duygusundan kaynaklandığı sürece bir mahzur yoktur.

Erkek çocuklarda kız eşyalarına meylediş üç aşamalı bir süreç içerir:

1- Merak: Kız çocuklarının eşyaları her zaman erkek çocuklarınkinden güzeldir, cicidir, süslüdür... Bu dünyanın her yerinde böyledir... Ve bütün çocuklar güzel ve süslü oyuncaklara ilgi gösterir... Erkek çocukları bu türden eşya ve oyuncakların kız çocuklarınca kullanıldığını fark ettiğinde o eşyaları terk eder... Çocuğun bunu fark edebilmesi ancak çevresinde başka erkek çocuklarının da var olmasıyla mümkündür... Sürekli kızlarla aynı ortamda bulunan bir çocuğun erkek davranışlarını öğrenme süreci aksayacağı gibi, kız çocuklarının eşyalarına ilgisi de artar... Çocuğa "Bunlar kız oyuncakları, sen erkek oyuncakları ile oyna" demek tesir etmez. Çocuğun bizzat erkek çocuklarını ve oyuncaklarını gerçek yaşamın içinde sürekli olarak görmesi gerekir...

Erkek çocuğun his edinerek kız kardeşinin eşyalarını kullanması sorunlu bir davranıştır

2- Taklit: Çocuğun kız eşyalarını merak etmenin de ötesinde davranışlarıyla dakız çocuklarını taklit etmesi bir derece daha riskli davranıştır. Erkek çocuklarının beden dili kız çocuklarınkinden farklıdır. Kız çocukları ellerini, kollarını daha farklı kullanır, oturuşları, yürüyüşleri başkadır. Eğer bir erkek çocuk sürekli kız çocuklarıyla aynı ortamda bulunursa, taklit yoluyla onların davranışlarını da edinmeye başlayabilir. Konuşma şekli de dahil olmak üzere kızlara özenmeye, onlar gibi gülmeye, onlar gibi yürümeye başlayabilir. Bu sınır davranış vaktinde fark edilemez ve tedbir alınmazsa "his edinimi" süreci başlayabilir. Alınacak ilk tedbir, çocuğun baba ile daha fazla vakit geçirmesi, erkek çocukları ile daha fazla birlikte olması, odasının, abla kardeş odasından ayrılması, anne yerine babaya bağlanmasının sağlanmasıdır...

Bir erkek çocuk sürekli kız çocuklarıyla aynı ortamda bulunursa, taklit yoluyla onların davranışlarını da edinmeye başlayabilir

3- His edinimi: Çocuk kız çocuklarının eşyasına ilgi gösterdiği, ardından da onların davranışlarını taklit ettiği halde gerekli tedbirler alınamamış ve süreç durdurulamamışsa bir sonraki adım çocuğun "kız çocuğu hissi" edinmesidir... Kız çocuklarının eşyalarını kullanırken, hislerini de bir kız çocuğu yaşamasıdır. Çocuğun kız eşyalarından his ediniyor olduğu mimiklerinden, kendini bu eşyalara yoğunlaştırmasından, eşya ile içsel olarak bütünleşmesinden anlaşılır...

Çocuğun kız eşyalarından his edindiğinin bariz işaretleri; bir süre sonra vücut dilinin taklitle değil, içten gelen yönelişle kız çocuklarının vücut hareketlerine dönüşmesi, ellerin hafif açık ve aşağı doğru bırakılması, yürüyüşteki incelik, mimiklerin kız çocuklarına has mimiklere dönmesidir...

Böyle bir durum olduğunda çocuk kız çocuklarının eşyalarından ayrılmalı, oyun arkadaşı olarak erkek çocuklar tercih edilmeli, çocuğun baba veya varsa erkek kardeşle kaliteli iletişimi artırılmalıdır...

His edinmeye başladığı fark edilen bir çocuk, baskı ve zorlamalara maruz bırakılmamalıdır. "Kız gibi davranma", "Erkek oyuncaklarıyla oynama" gibi cümleler çocuğun edindiği hisleri durdurmaz, pekiştirir.

His edinimine kadar ilerlemiş durumlarda, bir uzmandan destek almak gerekir.

His edinmeye başladığı fark edilen bir çocuk, baskı ve zorlamalara maruz bırakılmamalıdır

SÜREKLİ KIZ OYUNCAKLARIYLA OYNAYAN, KIZ EŞYALARINI MERAK EDEN ÇOCUĞA NASIL DAVRANMALIDIR?

Erkek çocukları bazen kız çocuklarının oyuncaklarına, kıyafetlerine yönelebilir... Çünkü kız eşyaları ve kıyafetleri oldukça süslü, renkli ve cazip görünüşlüdür...

Ayrıca kız çocuklarının oyunları sakin ve yavaştır... Bazı çocuklar fıtratları gereği yavaşlık ve sakinlikten hoşlanırlar... Bunu da genellikle kızların içerisinde bulabilirler... Bu anormal bir durum değildir. İster kız çocukları ile oynama, isterse de kız oyuncaklarına ilgi gösterme, kız çocuklarına ait hisleri edinmediği sürece normal ve gelişime katkı sağlayıcıdır...

His edinme özellikle seste, omuz yapısı, el kol hareketleri ve kalça hareketlerinde dikkat çeker.

Çocuğun kız oyuncakları ile oynaması değil, o oyuncaklarla kendini kız gibi hissetmesi problemdir

ERKEK ÇOCUĞUNUN SADECE KIZ ÇOCUKLARININ BULUNDUĞU ORTAMDA YETİŞMESİNDE BİR MAHZUR VAR MI?

Sürekli olmamak şartı ile kız çocuklarının erkeklerle, erkek çocuklarının kızlarla aynı ortamda bulunmasında, birlikte oynamasında bir sorun olmaz, aksine gelişime katkı sağlar...

Ancak bazı mizaç özelliklerine sahip çocuklar çevresinden çabuk etkilenir, arkadaşlarının hislerini kendi hisleri gibi yaşayabilirler... Özellikle duygusal erkek çocukların sürekli kız çocuklarla birlikte olması ile bir süre sonra onların tesirinde kalarak benzer davranışlar sergilemesi mümkündür...

> Babanın yokluğu hissedilen evlerde erkek çocukların hemcinslerinin bulunduğu ortamlarda daha fazla zaman geçirmesi tercih edilmelidir

Ayrıca her çocuk ancak kendi cinsiyetindeki rol modellerini gördükçe cinsel kimliğini geliştirir... Erkek çocuk ancak erkeklerin de bulunduğu ortamda erkeksi yürümeyi, konuşmayı ve vücut dilini oluşturur. Kendi cinsel kimliğini oluşturmasında sadece iç dürtüler değil o iç dürtülere karşılık gelecek benzer cinsiyete sahip kişinin davranışlarını görmek de etkendir...

Babanın nadiren evde bulunduğu durumlarda, erkek çocukların sıklıkla hemcinslerinin bulunduğu ortamlarda zaman geçirmesi tercih edilmelidir.

Kız çocuklar için de aynı durum geçerlidir.

BİR KIZ ÇOCUĞUNUN KIZ ÇOCUKLARINA İLGİ DUYDUĞU FARK EDİLİRSE NE YAPILMALI?

Şiddet, korku, baskı ve kabalık içeren davranışlarla sıklıkla karşılaşan kız çocukları, ihtiyaç duydukları sevgi ve şefkat içeren duygusal yakınlaşmayı kendi cinsiyetlerindeki sevecenlikte bulabilirler. Şiddet, çocuklarda duygusal yakınlık ihtiyacı doğurur...

Duygusal ihtiyaç içindeki çocuk, çoğu zaman bunu nasıl gidereceğini bilmez... Birine dokunmak, sarılmak, sevildiğini hissetmek, kendini onun yanında iyi hissetmek bağlanmayı da beraberinde getirir... Özellikle ergenler birbirleriyle kuracakları bu yakınlıktaki bağlanmaları yönetmekte zorluk çekebilirler...

Şiddet, çocuklarda duygusal yakınlık ihtiyacı doğurur

Kız çocuklarının birlikte kaldıkları düğün, doğum günü gibi kutlamalarda aynı yatağı paylaşmaları, tensel temasta bulunmaları yönetemeyecekleri duyguların uyanmasına yol açabilir...

Böylesi yönelişleri olan çocuğun ihtiyaç duyduğu şey, duygusal yakınlıktır... asla şiddet, baskı ve aşağılama değildir... Çocuğun bu yönelişini kesebilecek en güçlü terapi, sevgidir...

Önleyici tedbir olarak özellikle ön ergenlikten itibaren kız çocuklarının birlikte yatmaları, birbirlerine cinsel içerikli dokunsal şakalar yapmaları, görsel içerikli mesajlar paylaşmaları önlenmelidir...

ERKEK ÇOCUĞUN KENDİ CİNSİNE İLGİ DUYMAYA BAŞLAMASI DURUMUNDA NE YAPILMALI?

Kız çocuklarda eşcinsel eğilimin fark edilmesi oldukça zordur. Ancak erkek çocuklarda eşcinsel eğilim çok çabuk fark edilir.

Eşcinsel eğilimler içine giren bir çocuğun ruhsal yapısı adım adım başkalaşırken, fiziksel yapısında da değişiklikler gözlemlenir... Çocukluk dönemi taklit davranışları hariç olmak üzere; ön ergenlik ve ergenlik döneminde el ve kolların kız çocuklarının hareketlerine benzer şekilde hareket etmesi gibi durumlar gözlenir. Örneğin, eller aşağı dönük ve kol dirsekten kırık olarak ön tarafta görülür... Yürüyüş ayak uçlarından yürürcesine incelir... Kız çocuklarının davranışlarını andıran yapmacıklık göze batar... Konuşurken vurgular abartılı ve ince olmaya başlar... Dudak hareketleri belirginleşir, kendi bedenindeki tüylerden rahatsız olmaya başlar...

Edinilmiş hissin değişmesi korkuyla değil, çocuğa adım adım duygularını yönetmesi öğretilerek gerçekleşir

Makyaj malzemesine ilgi, kaş, tüy alma, dar kıyafetler ve görünmeyecek şekilde ince çorap ve kadın iç çamaşırı kullanmaya meyleder...

İlerleyen yaşlarda kendisinin bedeni erkek olsa da "feminen" ruha sahip olduğunu iddia eder...

Erkek çocukların bu yönelişlerinin birçok sebebi olabilir. Çocukluk yıllarında yaşanan bir tacizin kimlik çatışmasına sürükleme ihtimali de vardır. Tacizin mutlaka fiziksel içerikli olması gerekmez. Kendisine kız gibi davranılması, sık sık "kız kadar güzel" denilmesi... duygularını yönetemeyeceği yaşlarda cinsel içerikli filmler izlemesi ve bu filmlerin eşcinsel içerik taşıması... Çocuğun eşcinsel eğilimli arkadaşlarıyla cinsel içerikli konuşma ortamında bulunması da bir tür tacizdir...

Çocuğun film, dizi, internet ortamlarında veya romanlarda eşcinsel duygular içeren hikâyelere rastlaması böylesi hisler edinmesine yol açabilir

Çocuğun film, dizi, internet ortamlarında veya romanlarda eşcinsel duygular içeren hikâyelere rastlaması böylesi hisler edinmesine yol açabilir...

Bunun yanı sıra erkek çocuğun sürekli kızlarla birlikte bulunması, rol model olacak erkeklerin yakınında bulunmaması da etkendir...

Böylesi davranışlar sergileyen bir çocuğa baskı, şiddet ve zorlama kâr etmez... Edinilmiş hissin değişmesi korku ile değil, çocuğa adım adım duygularını yönetmesi öğretilerek gerçekleşir...

Bunun ilk şartı, çocuğun tesir altında kaldığı dış etkenlerden uzak kalabilmesidir... Varsa taklit ettiği benzer arkadaş grupları, film, resim, roman gibi içeriği eşcinsel eğilim taşıyan dürtü alanlarını bırakması tavsiye olunur...

Çocuğun içinde bulunduğu ruhsal atmosferden sıyrılabilmesine mekân değişikliği iyi gelebilir

Çocuğun içinde bulunduğu ruhsal atmosferden sıyrılabilmesine mekân değişikliği iyi gelebilir... Ebeveyn çocuk ilişkisinin kuvvetlendirilmesi ve koşulsuz sevgiye dönüşmesi çocuğun bu yönelişinin durdurulmasında oldukça güçlü bir etkendir...

Sonuç alınamaması durumunda uzman desteğine başvurulabilir... Bir terapi yöntemi olarak onarım terapisi tercih edilebilir...

“BEN ABİMLE EVLENECEĞİM” DİYEN KIZ KARDEŞE NE DEMELİ?

Çocuklar kimi zaman kelime haznelerindeki yetersizleri nedeniyle, kimi zaman da duygularını ifade etmekte zorlandıkları için yanlış cümleler kullanabilirler...

Bir kız çocuğunun abisine duyduğu sevgiyi "Ben abimle evleneceğim" diye ifade etmesi de böyledir... Muhtemelen çocuk için "evlilik" sözünün anlamı "çok sevmek, ömür boyu hiç ayrılmadan birlikte yaşamak"tır.

Böylesi bir cümle anne babayı tedirgin etmemeli, tebessüm ettirmeli... Çocuğun yetersiz kelime haznesi fark edilerek farklı zamanlarda yeni kelimeler öğretilmelidir...

Çocuk masumdur... düşünceleri de masumdur... istekleri de masumdur.

Böyle durumlarda "Kardeş kardeşle evlenmez. Kardeşler birbirleriyle evlenmezler ama birbirlerini çok severler. Kardeş olarak birbirini sevmek çok daha özeldir..." denilebilir.

Bu abartılacak, tepki ve kızgınlık oluşturacak bir durum değildir. Çocukta saçmaladığı hissini doğuracak yüz ifadesi ve söylemlerden uzak durulmalıdır.

Çocuğa duygularını ifade edeceği yeni kelimeler öğretilmeli, 'evlilik' kelimesinin anlamı düzeltilmelidir

ANNE BABASINA "BEN SENİNLE EVLENMEK İSTİYORUM" DİYEN ÇOCUĞA NE DEMELİ?

Çocuk anne babası ile evlenmek istediğini söylediğinde muhtemelen anne babasına olan sevgisini ve onlardan ayrılmak istemediğini ifade ediyordur.

Ya da kendisinin de anne babasının arasındaki gibi bir sevgi yaşamak istediğini kastetmiş olabilir. Bir başka deyişle, bu daha kaliteli bir sevgi isteğine dair bir cümle olabilir...

Böyle bir durumda, çocuğa anne babasına duyduğu sevgiyi düzgün cümlelerle ifade etmesi için yardım edilmeli... Onların bir ömür boyunca kendisinin anne ve babası olarak kalacağı söylenilerek çocuğa güven verilmelidir.

Örneğin, "Bence evlenerek değil, baba kız olarak da birbirimizi sevebiliriz. Ben annenle evliyim, seni çok seviyorum..." denilebilir.

Küçük çocukların anne baba ile evlenmek istemesi, onlardan ayrılmak istememesinin ifadesidir

"BEN EVLENMEYEYECEĞİM" DİYEN ÇOCUĞA NASIL CEVAP VERİLMELİ?

Çocuklar o veya bu sebepten dolayı bazen anne babalarına "Ben hiç evlenmeyeceğim" diyebilirler. Evlenmeyi anne babadan kopma olarak gördükleri için de evliliğe karşı tepkisel sözler söyleyebilirler... Bu, çocukluk dönemi için son derece normaldir...

Ergenlik döneminde ise bazen evliliğin zor olacağını düşündüklerinden, bazen olumsuz evlilik örnekleriyle karşılaştıklarından böylesi sözler söyleyebilirler. Sebep ne olursa olsun çocuğun böyle bir düşünce üretmesine karşılık "illa ki evlenmesi gerekir" iknası içinde bir iletişime geçilmemelidir.

Evlenmenin motivasyonu zihinsel değil duygusaldır

Zira evlenmenin motivasyonu zihinsel değil duygusaldır.

Karşı cinsle duygusal bir bağ kurma döneminde olmayan çocuğun aklen böyle düşünmesi ve kendisini evlilikten alıkoyması anormal değildir.

ERGENLİK DÖNEMİNDEKİ BİR ÇOCUĞUN EVLENMEK İSTEMESİ DURUMUNDA NE YAPILMALI?

Bir kişinin evlenmeye hazır hale gelmesi için 4 yeterlilik haline erişmesi gerekir:

1. **Yasal yeterlilik:** Çocuğun evlilik için yasal yeterlilik yaşında bulunması gerekir. Ülkemizde bu yaş en az 18'dir... 18 yaşından küçük olan bir çocuk evlilikten bahsederse bunun yasal olarak imkânsız olduğu söylenmelidir...
2. **Fizyolojik yeterlilik:** Çocuk evlilik için yasal yeterlilik şartını taşısa da fizyolojik açıdan da yeterli olmalıdır... Bu, pedagojik olarak 21 yaştır...

Bir kişinin evlenmeye hazır hale gelmesi için 4 yeterlilik haline erişmesi gerekir

Henüz duygusal yeterliliğe erişmemiş bir çocuğun evlendirilmesi o evlilikte eşlerin psikolojik sorunlar yaşamasına sebep olabilir

3. **Duygusal yeterlilik:** Evlenmek isteyen bir genç fiziksel yeterliliğe sahip olsa da, eş seçme, birlikte yaşama, sevme, sevilme, empati kurma gibi duygularını yönetebilme becerisine de sahip olmalıdır. Henüz duygusal yeterliliğe erişmemiş bir çocuğun evlendirilmesi o evlilikte eşlerin psikolojik sorunlar yaşamasına, evliliğin mutlu bir yuvaya değil bir problem odağına dönüşmesine sebep olabilir.

4. **Zihinsel yeterlilik:** Bir kişi, evlilik için yukarıdaki bütün şartları taşısa bile zihinsel olarak evliliği anlamlandırabilecek yeterlilikte değilse evlenmesi doğru olmaz... Örneğin evlendiği halde hâlâ bekâr gibi yaşaması, eşiyle sosyal ortamlarda nasıl davranacağını bilememesi, evliliği birlikte yaşamak üzere değil, kendi duyguları üzerine kurgulaması zihnen yeterli olmayan birey davranışlarıdır.

Bu yeterlilik şartlarına bakıldığında ergenlik dönemi çocuğun henüz evliliğe hazır olmadığı dönemdir...

Ergenlik dönemi çocuğun henüz evliliğe hazır olmadığı dönemdir

DOKTOR MUAYENESİ VE TEDAVİ ESNASINDA GENİTAL BÖLGEYE TEMAS EDİLMESİ ÇOCUKLARIN MAHREMİYETİNE ZARAR VERİR Mİ?

İster çocuk ister yetişkin olsun, doktor, psikolog, pedagog, öğretmen gibi özel yaşamın paylaşıldığı kişilerin özenle seçilmesi ve sık sık değiştirilmemesi gerekir...

Çocuğun diş muayenesi için gittiği diş hekimiyle kuracağı yakın ilişki kendini iyi hissetmesine neden olacağı gibi, diş hekiminin değişmesi çocukta kaygıya sebep olur...

Tıpkı bunun gibi, çocuğun aşina olduğu doktorun sürekli aynı kişi olması, vücudunun sürekli aynı doktor tarafından muayene edilmesi hem mahremiyet eğitimi hem de çocuğun kendini iyi hissetmesi açısından gereklidir...

Çocuğun özel
yaşamının
paylaşıldığı
kişilerin özenle
seçilmesi
ve sık sık
değiştirilmemesi
gerekir

ÇOCUĞA KENDİNİ İSTİSMARDAN KORUMASI İÇİN "ÇIĞLIK ATMA" GİBİ YÖNTEMLERİ ÖĞRETMENİN FAYDASI OLUR MU?

Hayır, olmaz...

Böylesi bir eğitim çocuğun doğal refleksine zarar verir...

Zor durumda kalan her çocuğun tepkisi farklı olur... kendine dokunulduğu zaman kimi çocuk ısırır, kimisi tekme atar, kimisi bağırır, kimisi tükürür... Kendini, ısırarak koruyacak kişilik özelliğine sahip bir çocuğa "Çığlık atarak kendini koru" demek... tekme atarak kendini savunacak çocuğa "Karşındaki kişiye tükür" demek... Çığlık atacak çocuğa "Oradan kaç" demek doğal savunma yöntemlerini etkisiz kılmak demektir... Savunma davranışları refleks davranışlardır, akılla yönetilemez...

Çocuğu tacizden koruyan en güçlü kalkan kendini saygın hissetmesi ve öfkesini kullanabilecek kadar özgür olmasıdır

> Çocuğu tacizden koruyan en güçlü faktör öfke, kızgınlık anlarında duygularını ifade etmesine engel olmamaktır

Belki çocuğa öfkesini özgürce ifade edebilmesi için rahat ortamlar oluşturulabilir... öfkelendiğinde bağırmasına... kızdığında vurmasına izin verilebilir... ancak bir durum tarif edilip "O durumda şöyle şöyle yap" demek çocuğun kendi doğal refleksini de sergileyememesine yol açar...

Çocuğu tacizden koruyan en güçlü faktör, içinde doğal bir savunma aracı olarak varlığını sürdüren mekanizmaya, öfke, kızgınlık anlarında duygularını ifade etmesine engel olmamaktır.

Bunun yanı sıra, kendine saygı duyularak yetiştirilmiş bir çocuk, saygısızca bir davranıştan rahatsız olur... Çocuğu tacizden koruyan en güçlü kalkan "kendi saygınlığını" hissetmesidir...

Unutmamak gerekir ki, zor durumda kaldığında çığlık atmayan çocuklar çığlık atma eğitimi almamış olanlar değil; ebeveyni tarafından bastırılmış ve duygularını ifade etmesi engellenmiş çocuklardır.

Zor durumda kaldığında çığlık atmayan çocuklar ebeveyni tarafından bastırılmış ve duygularını ifade etmesi engellenmiş çocuklardır

SADECE KIZ ÇOCUKLARI MI TACİZE UĞRAR?

Hayır...

"Benim çocuğum erkek, tacize uğramaz" demek bir yanılgıdır... Erkek çocukları da kız çocukları gibi potansiyel taciz riskiyle karşı karşıyadır... Her ne kadar taciz istatistikleri gerçek rakamlardan çok farklı da olsa, tacize uğrayan çocukların önemli bir kısmı erkektir...

Taciz, sadece cinsel içerikli bir sapma değil, aynı zamanda şiddet eğiliminin bir sonucu olduğundan erkek çocuklar da aynı riskle karşı karşıyadır.

İster kız, ister erkek olsun, çocuğun kendini tacizden en üst düzeyde koruyabilmesi için mahremiyet eğitimi almış olması çok önemlidir.

Erkek çocukları da azımsanmayacak oranda taciz mağdurudur

ÇOCUKLARA YÖNELİK TACİZDE EN RİSKLİ YAŞ GRUBU NEDİR?

Taciz açısından en riskli dönem 6-7 yaştır.

Bu yaş grubundaki çocuklar uğratıldıkları zararın içeriğini tam olarak kavrayamadıkları ve fakat kötü bir şey olduğunu düşündükleri için aileleriyle konuşmaya çekinirler.

Üstelik suçun içeriğini de bilmedikleri için, taciz açısından en riskli yaş grubu 6-7 yaş dönemindeki çocuklardır.

Çocuklara yönelik tacizde en riskli dönem 6-7 yaştır.

TACİZE UĞRAMIŞLIK YETİŞKİNLİK DÖNEMİNDE HANGİ CİNSEL SORUNLARI BERABERİNDE GETİRİR?

İster kız ister erkek çocuk olsun, yaşanan bir taciz olayı çocukta önce aşağılanma, daha sonra değersizlik hissi oluşturur...

Çocuk, tacizin açtığı yarayı tek başına kapatamaz... Anne babanın da tacizden çocuk kadar etkilenme ihtimali olduğu için, çocuğa destek olmaları oldukça zordur... Bundan dolayı uzman desteğine ihtiyaç vardır...

Vaktinde pedagojik destek alınmaması erkek çocuklarda cinsel kimlik karmaşasına yol açabileceği gibi... kin, öfke, nefret duygularını tetikleyebilir...

Tacizin oluşturduğu en belirgin his değersizlik hissidir

TACİZE UĞRAMIŞ BİR ÇOCUĞUN AİLE İÇİ İLETİŞİMİNDE NELERE DİKKAT ETMEK GEREKİR?

Ebeveynler insana en çok acı verecek şeyi çocuklarını kaybetmek olarak tarif ederken, ölümden sonraki en büyük acı olarak da tacizi görürler.

Taciz sadece çocuğun kendisine değil, aile sisteminin bütün işleyişine zarar verir.

Örneğin, tacize uğramış çocuğun ebeveyninde cinsel soğukluk, cinselliğe karşı bir içsel tepki ve tiksinti oluşma ihtimali vardır.

Tacize uğrayan çocuğun sadece kendisinin değil aynı zamanda birinci derecede yakınlarının da psikolojik destek almalarında fayda vardır.

Tacize uğrayan çocuğun sadece kendisinin değil ailesinin de psikolojik destek almasında fayda vardır

TACİZE UĞRADIĞINI ANLATAN ÇOCUĞA NASIL DAVRANILMALI?

Çocuğun uğradığı tacizden daha büyük taciz, olayın pedagojik olmayan yöntemlerle sorgulanması sırasında yaşanır…

Çocuğun yaşadığı olayın ince ayrıntılarını sormak, neyin nasıl ve ne şekilde gerçekleştiğini öğrenmeye çalışmak, çocuğun kendini korumak için bilinçaltına attığı detayları bilinç yüzeyine getirmek anlamına gelir ki; bu da yaşanılan tacizin şiddetini artırmak demektir.

Tacizin detaylarını öğrenmenin ebeveyne bir katkısı yoktur...

Tacize uzman desteğiyle çözüm aranmalıdır

Çocuğun uğradığı zararın boyutu, pedagojik yöntemler kullanılarak ve çocuğa yeni acılar yaşatmayacak tarzda anlaşılmaya çalışılmalıdır. Uğranılan zararın boyutu, çocuğun onarımında nasıl yöntemler izleneceğini belirler. Bunların bir uzman yardımı ile gerçekleşmesi, çocuk ve ailenin göreceği zararı azaltır…

Unutmamak gerekir ki, çocuk kendisini sorgulayan anne babasıyla bir ömür boyu yaşayacağından, birlikte geçirecekleri her vakit bu anıların da taze kalması ihtimal dahilindedir.